DOENÇAS REUMÁTICAS

Dados Internacionais de Catalogação na Publicação (CIP)
(Câmara Brasileira do Livro, SP, Brasil)

Olszewer, Efrain.
    Doenças reumáticas / Efrain Olszewer. -- São Paulo :
Ícone, 1992.

ISBN 85-274-0215-4

1. Reumatismo I. Título.

92-1151   CDD–616.723
                                                            NLM–WE 544

Índices para catálogo sistemático:

1. Doenças reumáticas : Medicina   616.723
2. Reumatologia : Medicina   616.723

DR. EFRAIN OLSZEWER

DOENÇAS
REUMÁTICAS

© Copyright 1992, Ícone Editora Ltda

Produção
Anizio de Oliveira

Capa
Marcelo Broti

Revisão
Nicéia Furquim de Almeida

Proibida a reprodução total ou parcial desta obra, de qualquer forma ou meio eletrônico, mecânico, inclusive através de processos xerográficos, sem permissão expressa do editor (Lei nº 5.988, de 14/12/1973).

Todos os direitos reservados pela,
ÍCONE EDITORA LTDA.
Rua Anhangüera, 56/66 – Barra Funda
Cep 01135 – São Paulo – SP
Tels. (011) 826-7074/826-9510

DEDICATÓRIA

A Deus, por olhar por mim e por meus seres queridos.

A meus amigos, pelo constante apoio e estímulo.

A meus pacientes, pela amizade e confiança.

A meus inimigos (quem não os tem), por estimular meu trabalho.

ÍNDICE

PRÓLOGO 9
CONCEITOS GERAIS 11
VAMOS ENTRAR NUM MARAVILHOSO
MUNDO DA CIÊNCIA INEXPLORADA 55
É HORA DE CONHECER O DMSO 65
USO DA ENZIMOPRESSÃO NO
TRATAMENTO DAS DOENÇAS
REUMÁTICAS 81
USO DOS MUCOPOLISSACARÍDEOS
NO TRATAMENTO DAS
DOENÇAS REUMÁTICAS 85
PROLOTERAPIA OU TERAPIA
DE RECONSTRUÇÃO 91
COLCHICINA COMO OPÇÃO
DE TRATAMENTO PARA
DOENÇAS DE COLUNA 105
TERAPIA ORTOMOLECULAR
POR VIA ORAL PARA
DOENÇAS REUMÁTICAS 115
PRINCIPAIS VITAMINAS UTILIZADAS
NO CONTROLE DE DOENÇAS
REUMÁTICAS 117
PRINCIPAIS SAIS MINERAIS COMO
ANTIOXIDANTES NA TERAPIA
ORTOMOLECULAR 121
PRINCIPAIS ANTIOXIDANTES NO
CONTROLE DE DOENÇAS REUMÁTICAS ...125
OSTEOPORESE 127
FISIOTERAPIA E REABILITAÇÃO
FÍSICA NO DOENTE REUMÁTICO 143

PRÓLOGO

Quando vemos as limitações impostas por doenças degenerativas crônicas, como as do reumatismo, que podem levar o paciente ao ponto de precisar de uma cadeira de rodas, não podemos conformar-nos e receitar simplesmente analgésicos e antiinflamatórios, que aliviam a dor mas não mudam o perfil de qualidade de vida do paciente.

Na luta do progresso da saúde da população, temos obtido grandes avanços, assim como desenvolvido meios que permitem melhorar diferentes aspectos inerentes ao modo de viver, mas a palavra "paliativo" faz parte desse dicionário, "que condiciona uma melhora funcional, mas que favorece uma piora anatômica".

Curiosamente, este fato é aceito unilateralmente: aliviamos temporariamente a dor do paciente, e assistimos a sua inevitável degradação por destruição dos tecidos que formam os órgãos comprometidos.

Após mais de 2.000 pacientes tratados nos últimos cinco anos, englobamos uma série de tratamentos desenvolvidos na Europa e nos EUA, com resultados extremamente satisfatórios, o que nos impulsiona a divulgá-los pelo trabalho aqui exposto.

Sem dúvida, cada dia que passa testemunhamos mudanças importantes independentemente dos graus de limitação ou de comprometimento tecidual que nos for impulsionando a incrementar os diferentes fatores envolvidos no tratamento "ortomolecular" das doenças reumáticas.

Tentamos expor, em forma simples para poder facilitar a compreensão, o intuito do conceito ortomolecular em reumatologia, de modo a explicar o seu conteúdo como forma de disseminar seus conceitos.

Ainda estamos longe da perfeição, mas podemos aproximar-nos quando temos tratamentos com bons resultados, isentos de efeitos colaterais e bem tolerados pelos pacientes. As perspectivas são ótimas, e conseguiremos os objetivos procurados com o intuito de colocar um freio na evolução das doenças reumáticas.

É necessário ressaltar os meus agradecimentos a José Roberto Oliveira, mais que fisioterapeuta um grande amigo e colaborador, alma despendida, corajosa, tão grande quanto seu tamanho, e autor do capítulo Fisioterapia e Reabilitação; a Jacques Stockfiz, por ter colaborado com a diagramação, configuração, correção inicial e, sobretudo, pela sua amizade. A minha mãe e minha irmã, por tolerar minha falta de tempo e por contar sempre com o apoio delas. A meus colegas e funcionários, por repartir comigo meus momentos de alegria e tristeza, ganhando a minha confiança e a dos pacientes. A minha família, que é formada por Melany, minha esposa, por Daniel, Diana e Débora, meus filhos, que são uma doação de Deus.

"A subida do morro é difícil, mais ainda é permanecer firme nele."

CONCEITOS GERAIS

As doenças reumáticas são os processos patológicos mais invalidantes entre todas as doenças atualmente conhecidas. Do ponto de vista leigo, são conhecidas com o nome genérico de artrite, porém englobam uma infinidade de patologias com suas próprias características.

Artrite provém do latim "arthron", que significa articulação ou junta, e "ite", que significa inflamação. Em última análise, indicaria um processo inflamatório das juntas.

O termo artrite, utilizado de forma comum pelos médicos, engloba, como indicamos anteriormente, uma série de outras patologias, sejam de origem inflamatória, degenerativa ou secundária ao acúmulo de substâncias químicas que vão desencadear alterações articulares.

A classificação das artrites mais comumente utilizada é a realizada pela Associação Americana de Reumatologia, em 1963, modificada em 1983, que resumidamente contém os seguintes itens:

1) Enfermidades do tecido conectivo (consideradas como inflamatórias):
   a) Artrite reumatóide.
   b) Artrite reumatóide juvenil.
   c) Artrite secundária a outras colagenopatias como:
   • Lúpus eritematoso.
   • Esclerodermia ou esclerose sistêmica.
   • Polimiosite-dermatomiosite.
   • Vasculites necrotizantes.
   d) outros como:

- Polimialgia reumática.
- Policondrite.
- Paniculite.
- Síndrome de Sjroegren.
  - xerostomia (secura da boca)
  - xeroftalmia (ausência de lágrima)
2) Artrite associada à espondilite:
   a) Espondilite anquilosante.
   b) Síndrome de Reiter (artrite, uretrite e conjuntivite).
   c) Artrite psoriática.
   d) Artrite associada a doença intestinal inflamatória.
3) Doença articular degenerativa (lei do uso e desuso):
   a) Artrose ou osteoartrite.
4) Artrite, tenossinovite e bursite secundária a agentes infecciosos.
5) Doenças reumáticas associadas a doenças metabólicas e endócrinas:
   a) Por urato monossódico (gota).
   b) Por pirofosfato de cálcio (pseudogota-condrocalcinose).
   c) Hidroxiapátita
6) Outras patologias reumáticas menos freqüentes, porém dando destaque especial a desordens do osso e da cartilagem associadas a manifestações articulares que incluem:
   a) Osteoporose:
      - primária (sem causa definida)
      - secundária (menopausa, envelhecimento, repouso prolongado).

Como se inicia a doença reumática

Como definimos, as doenças reumáticas comprometem principalmente as articulações, porém alteram também o funcionamento de todas as estruturas vizinhas a este componente anatômico. Na fig. 1 identificamos as diferentes estruturas de uma articulação :

a) Cartilagem: é um coxim que se interpõe entre dois ossos e age como um amortecedor, evitando o contato direto dos ossos formando uma junta.

b) Membrana sinovial: rodeia a articulação e libera a sinovia, substância importante para manter o funcionamento delicado, representado pelos diferentes movimentos realizados pela junta.

c) Cápsula articular: rodeia a membrana sinovial e se delimita entre os ossos que formam a articulação.

d) Músculos, tendões e ligamentos: permitem manter a estabilidade articular, que por sua vez colabora para desenvolver harmonicamente os movimentos delimitados em cada articulação.

e) Bursas: encontradas em algumas articulações, são bolsas pequenas que contêm fluido lubrificante, localizado entre os músculos e os tendões, e serve para facilitar os movimentos entre as estruturas. Sua importância reside no fato de tais bolsas, em certas circunstâncias, inflamarem-se, constituindo assim as chamadas bursites.

f) Perióstio: é a camada mais externa dos ossos e representa a única porção inervada, de modo que a dor se produz por irritação inflamatória neste local, ou por íntimo contato entre dois ossos que se friccionam entre os perióstios.

g) Os ossos são nutridos através de um intrincado sistema circulatório. Entretanto, os tendões, ligamentos que se insertam nos ossos e que formam uma articulação, são pobremente irrigados, o que determina a demora na recuperação destas partes anatômicas, fenômeno muito importante. Posteriormente, iremos conhecer algumas técnicas de tratamento para melhorar a estabilidade de uma articulação comprometida.

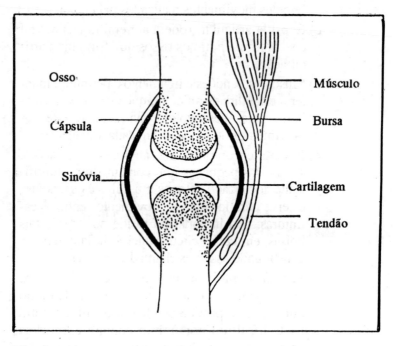

Fig. 1

Como corolário deste capítulo, daremos destaque a alguns dos pontos mais críticos relacionados à morbilidade das doenças reumáticas, assim como os fenômenos que determinam os fatos que são mitos em relação àqueles que representam a realidade da doença.

Aspectos inerentes às doenças reumáticas

a) As doenças reumáticas são o processo patológico mais invalidante, que afeta os seres vivos.
b) Calcula-se, grosseiramente, que de 4.000.000 a 6.000.000 de brasileiros, acima dos 35 anos, estão comprometidos por artrose.
c) Calcula-se que nos Estados Unidos entre 600.000 a 800.000 pessoas são acometidas por esta doença.
d) Aproximadamente 250.000 pacientes novos por ano, com idade inferior a 16 anos, são afetados pela artrite reumatóide juvenil.
e) Nos EUA quinze milhões de dias de trabalho são perdidos anualmente, como conseqüência das limitações condicionadas pela artrite.
f) Ainda nos Estados Unidos, em torno de 20 a 30 bilhões de dólares são gastos no tratamento de pacientes com reumatismo. Não se conhecem as cifras no Brasil.

Fatos e mitos

Artrite só acontece nos velhos?

As doenças reumáticas não respeitam idade.

Artrite só se trata com anti-reumáticos ou imunomoduladores?

Não, as doenças reumáticas hoje podem ser controladas por outros métodos terapêuticos, que serão detalhados no segundo capítulo deste livro; porém, o progresso determinado pela incorporação de múltiplos fármacos no controle dos sintomas secundários ao reumatismo tem permitido melhorar a qualidade de vida dos pacientes, porém associados a diferentes graus de efeitos colaterais, que serão devidamente esclarecidos posteriormente.

Os pacientes com artrite devem modificar drasticamente sua vida?

Não, pelo contrário, na medida do possível deverão manter seu nível de vida física e social, anterior à doença. Em muitos casos, a terapia física é de extrema importância para ajudar no controle da doença.

Artrite é uma doença séria?

Sem dúvida, independente do tipo de reumatismo é uma doença séria e assim deve ser encarada, principalmente para serem tomadas as medidas terapêuticas mais adequadas, a fim de manter o nível de vida, tanto em qualidade como em quantidade.

A dieta é importante no controle do reumatismo?

É de extrema importância nos reumatismos secundários às doenças endócrinas ou metabólicas, como a gota, porém, como sabemos, uma alimentação balanceada é importante para o organismo em geral e é importante manter o peso, porque pacientes obesos sofrem em maior escala os sintomas dos processos reumáticos.

O exercício é sempre benéfico para as doenças reumáticas?

Em geral consideramos que o órgão que não se usa, se atrofia, porém é importante definir os limites da atividade física nos casos agudos, como nos casos crônicos, principalmente para não aumentar o potencial de dor nos pacientes portadores de doenças reumáticas, fato que acontece com alguma freqüência em pacientes com reumatismo agudo.

É mais freqüente o reumatismo nas mulheres?

Com exceção da espondilite anquilosante e da gota, as doenças reumáticas são definitivamente mais freqüentes nas mulheres que nos homens. Em algumas situações, como na osteoartrite, existe um fator de déficit hormonal na menopausa que condiciona uma incidência maior desta doença neste grupo etário de mulheres. Mas em outras doenças, como a artrite reumatóide, é desconhecida a causa da incidência maior em mulheres.

Clínica e tratamento habitual das doenças reumáticas.

Detalharemos as doenças reumáticas mais freqüentes, tanto no seu conceito, como na sua sintomatologia. Serão ainda resumidas as drogas mais conhecidas, utilizadas no tratamento da artrite, com o intuito de ilustrar na forma mais simples, porém compreensível, para então compreender melhor os detalhes, que serão descritos na segunda parte deste livro.

Artrite Reumatóide

A artrite reumatóide é a forma mais freqüente e invalidante das doenças reumáticas, e de etiologia desconhecida, porém com características inflamatórias (ver fig. 2).

Afeta oito vezes mais as mulheres que os homens, e ataca com preferência pacientes entre 30 e 50 anos de idade.

Uma de suas principais características é que ataca as juntas em forma simétrica. Isto indica que, se o joelho direito é acometido pela doença, é muito grande a possibilidade que o joelho esquerdo também venha a ser atacado.

Seu curso evolutivo inclui três fases:

1) Pode durar alguns meses e desaparecer sem deixar nenhuma seqüela. Esta forma é denominada monocíclica.

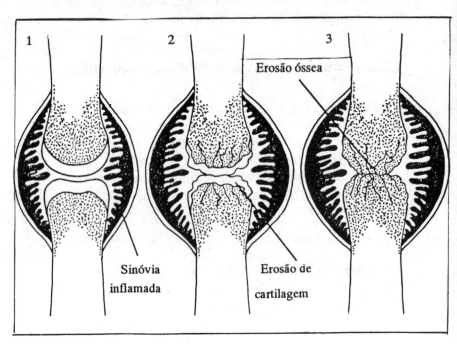

Fig. 2 – Alterações observadas em artrite reumatóide.

2) Pode atacar e desaparecer em diferentes períodos, mantendo-se em forma cíclica. Dificilmente costuma deixar seqüelas.

3) Pode permanecer por muitos anos, e deixar seqüelas com caráter permanente. Esta forma é denominada crônica.

Os sintomas clássicos da artrite reumatóide são:

1) Rigidez matinal com duração maior que duas horas.

2) Dor ao movimento, pelo menos de uma articulação.

3) Sinais inflamatórios, como edema nas articulações e, na maior parte das vezes, com comprometimento da articulação contralateral.

Associam-se, simultaneamente, outras caraterísticas da inflamação como: dor, calor local, edema ou inchação e limitação aos movimentos.

4) Nódulos subcutâneos.

5) Alterações histológicas típicas nos exames do líquido sinovial, com presença de células inflamatórias crônicas, e coágulo pobre de mucina no líquido sinovial.

6) Entre os exames de laboratório, apesar de não serem definitivos para o diagnóstico, devemos considerar:
a) Fator reumatóide positivo;
b) Waaler Rose positivo;
c) Velocidade de hemossedimentação (VHS) aumentada.

As deformidades são conseqüência das distorções secundárias à inflamação e destruição da cartilagem e da fragilidade dos ligamentos.

Uma vez que o balanço natural das partes que compõem as articulações se perde, a articulação perde sua função e os músculos se debilitam.

As juntas mais acometidas, ao mesmo tempo que mais se deformam são: mãos, pés, cotovelos, punhos, ombros e joelhos.

Artrite Reumatóide Juvenil

Existem diferentes formas de apresentação, entre as quais incluímos:

1) Artrite juvenil monoarticular, que afeta com maior freqüência o joelho, porém pode afetar outras articulações que terminam doendo e inflamadas; ocasionalmente, pode associar-se a problemas oculares.

2) Doença de Still, caraterizada por febre alta, fadiga, dores musculares, aumento de volume do baço, fígado e dos gânglios linfáticos. A duração da crise pode variar de dias a semanas e posteriormente desaparecer. A artrite, na doença de Still, costuma ser moderada, porém ocasionalmente pode ser severa.

3) Artrite juvenil poliarticular, geralmente, acomete os jovens que se aproximam da adolescência. É uma doença simétrica que ataca, com freqüência, cotovelo e joelhos.

Artrose (osteoartrite)

É a forma mais freqüente de doença reumática (ver fig. 3), e se apresenta com maior intensidade na segunda metade da vida, com evolução lenta e freqüentemente assintomática, porém em muitos casos a dor, a rigidez e a limitação dos movimentos determinam incapacidade, por deterioração da cartilagem, por envelhecimento, trauma e outras doenças que possam relacionar-se na sua etiologia.

Acredita-se que um terço dos indivíduos que têm mais de 35 anos são portadores sintomáticos ou assintomáticos de artrose, sendo as articulações mais freqüentemente acometidas: joelhos, articulação coxofemoral, ombros e mãos.

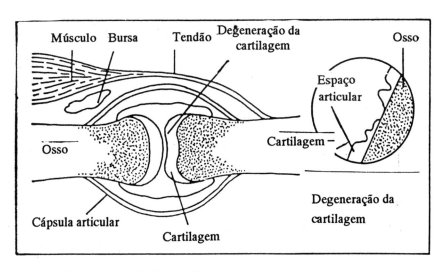

Fig. 3 – Degeneração da cartilagem.

A doença é mais freqüente nas mulheres, porém em proporções bem menores que nos casos de artrite reumatóide.

Os sintomas clássicos da doença são:

1) A dor é surda e de localização indefinida. Aparece na fase inicial, só com os movimentos e na evolução também no repouso.
2) Rigidez matinal porém de curtíssima duração, que melhora com os movimentos.
3) Dor produzida à palpação e aos movimento passivos e ativos.
4) Crepitação e estalos aos movimentos.
5) Sinovite e hidrartrose (acúmulo de líquido na articulação).
6) Presença de osteófitos (bicos de papagaio).
7) Irregularidades dos espaços articulares, associados à diminuição dos espaços que separam os ossos da mesma articulação.
8) Existe uma íntima relação com osteoporose (perda da consistência óssea), determinando fragilidade óssea, que determina com certa freqüência a presença de fraturas patológicas principalmente na cabeça do fêmur.
9) O espasmo muscular e a retração da cápsula e dos músculos, ocasionam a limitação dos movimentos.
10) A presença dos nódulos de Heberden e Bouchard na região interfalângica das mãos é característica desta forma de reumatismo.
11) Não existem alterações laboratoriais específicas para identificar a doença, porém as alterações radiológicas são suficientemente típicas (redução dos espaços interarticulares, presença de osteófitos) para identificar a doença. O exame do líquido sinovial é normal.

Espondilite Anquilosante.

Denominada doença de Marie Strumpel Leed (fig. 4), não é um processo patológico muito freqüente, porém se apresenta com maior freqüência no sexo masculino. A característica principal é a intensa limitação aos movimentos da coluna, como se todas as vértebras estivessem fundidas, obrigando o paciente a realizar os movimentos em conjunto, delimitando os movimentos individuais de cada parte da coluna.

Ataca com maior freqüência a pacientes homens jovens, e de preferência de raça branca, ocasionalmente em negros.

Parece existir uma predisposição genética, já que os portadores desta doença apresentam positivo um exame denominado HLA-B27 (antígeno leucocitário humano).

A doença destrói as juntas, substituindo por tecido conectivo e por novo osso que não se dobra e não se movimenta.

Os sintomas clássicos da espondilite anquilosante incluem:

1) Dor na coluna lombar, que delimita os movimentos e que termina irradiando-se aos membros inferiores.

2) Rigidez muscular, principalmente após repouso prolongado.

3) Febre de baixa intensidade, astenia, adinamia e mal-estar geral.

4) Ocasionalmente, encontra-se uma fusão das costelas à coluna, que pode determinar uma dificuldade para respirar.

Fora a identificação do antígeno HLA-B27, encontramos alterações radiológicas com aspecto de coluna em caule de bambu, e encontramos inflamação ocular em 20 a 30% dos pacientes portadores da doença.

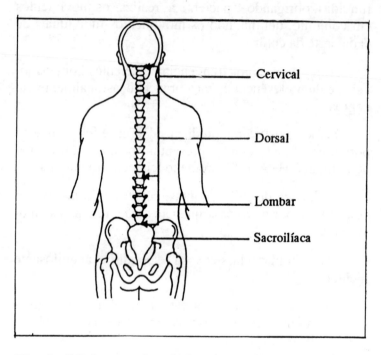

Fig. 4 – "Coluna em bambu" – espondilite anquilosante.

Artrite Gotosa

Denominada "doença dos reis" (fig. 5), é considerada uma da formas mais doloridas de doença, em medicina. Só nos Estados Unidos mais de um milhão de pessoas sofrem desta doença, cifra que se aproxima do número de gotosos no Brasil.

Apesar de não existir um tratamento definitivo da doença, as crises podem ser controladas, e com tratamento dietético podem ser inibidos os próximos episódios da crise aguda de gota.

É uma doença quase que exclusiva dos homens. Ataca ocasionalmente as mulheres, principalmente após a menopausa.

A gota é uma doença secundária ao acúmulo de ácido úrico no organismo do paciente. Pode ser influenciada por fatores hereditários, e pode acumular-se no organismo por excesso de produção ou por uma alimentação rica de purinas. Em outras circunstâncias, existe uma diminuição da excreção do ácido úrico pelos rins.

O excesso de ácido úrico nem sempre determina uma crise aguda de gota; só uma em cada dez pessoas desenvolve a gota aguda. Nestes casos, existe um acúmulo de cristais de ácido úrico nas articulações. Em outras circunstâncias se formam cálculos de ácido úrico que determinam a sintomatologia correspondente.

Evidentemente, uma dieta rica em purinas determinará um aumento dos níveis de ácido úrico sanguíneo. Os alimentos mais conhecidos como fontes ricas de purinas são:

1) Carne de animais jovens como galeto, carneiro, cordeiro, vitela.

2) Feijão, ervilhas e derivados (grãos).

3) Tomate (produtos com sementes).

4) Café.

5) Frutos do mar.

6) Miúdos.

7) Carne de porco.

8) Frutas cítricas.

9) Bebidas alcoólicas fermentadas..

Os sintomas clássicos da crise aguda de gota são:

1) Dor intensa nas articulações comprometidas; em 75% dos pacientes a dor se inicia na articulação metatarso-falângica do dedo gordo do pé, porém pode atacar diferentes articulações, como joelhos e cotovelos.

2) Ataques mais intensos e principalmente prolongados podem determinar a formação dos tufos gotosos nas articulações comprometidas.

Condrocalcinose

É denominada pseudogota (não existe acúmulo de ácido úrico), por presença de cristais de pirofosfato de cálcio. Normalmente não respondem à dieta, porém podem responder ao tratamento instituído para os pacientes gotosos.

A sintomatologia da condrocalcinose inclui:

– Intensa dor e inflamação em diferentes juntas, porém preferencialmente nos joelhos, punhos e tornozelos.
– Os ataques continuam por longos períodos de tempo e em certas ocasiões a doença pode aparentar ser de caráter crônico.

Síndrome de Reiter

Afeta com maior freqüência homens jovens e na maior parte das vezes encontramos – tal como nos pacientes com espondilite anquilosante – a presença do HLA-B27.

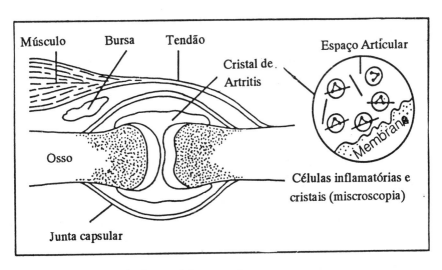

Fig. 5 – Processo inflamatório – artrite – gota.

A característica da doença de Reiter inclui a presença de conjuntivite (inflamação dos olhos), associada a infecção urinária (uretrite), e comprometimento articular de característica inflamatória em grandes articulações, e inflamação do tendão de Aquiles.

Ocasionalmente, podemos encontrá-la associada a colite ulcerativa, enterite regional e nos pacientes com psoríase.

A infecção parece ser a causa que desencadeia a doença, após exposição sexual ou após severos episódios de diarréia.

Os sintomas que acompanham a doença de Reiter são:

1) Dor e rigidez da coluna, associada a dores na barriga da perna.

2) Conjuntivite ou outro tipo de secreção inflamatória ocular.

3) Secreção uretral.

Com freqüência o comprometimento articular é só de um lado do corpo.

Os ataques são cíclicos e cada ataque pode durar várias semanas ou vários meses. É uma doença de difícil tratamento e a resposta pode variar em cada ataque.

Artrite Lúpica

Forma parte do complexo denominado lúpus eritematoso, disseminado em 50% dos pacientes. Lúpus que provém de lobo, faz referência a erupção dérmica, que compromete o rosto do paciente.

O lúpus é uma das doenças sistêmicas mais sérias relacionadas com a artrite, porém pode associar-se com doenças renais e ocasionalmente pode determinar uma situação fatal.

Acontece com maior freqüência em mulheres e jovens, com incidência cinco vezes maior que nos homens.

A doença, tal como nas outras colagenopatias, é considerada como auto-imune, ou seja, o sistema de defesa do paciente desconhece seus próprios tecidos e começa a agredi-los. Em outras palavras é uma doença de auto-agressão.

Os sintomas que acompanham os pacientes com artrite lúpica são:

1) A sintomatologia artrítica é muito parecida à dos pacientes com artrite reumatóide, porém seu período de incubação pode durar muitos anos, até que a sintomatologia se faça presente.
2) O lúpus eritematoso é uma doença sistêmica, podendo atacar outros órgãos como os rins, pulmões, coração etc.
3) Quando compromete o sistema nervoso central inclui psicose, alterações na conduta ou convulsões.
4) O comprometimento cardíaco determina dores precordiais e arritmias.
5) Outras características incluem sangramento das gengivas, ou períodos menstruais prolongados.
6) O lúpus que compromete a pele piora, com freqüência, com a exposição aos raios solares.

Esclerodermia

Literalmente, esclerodermia significa engrossamento da pele. Não é um processo verdadeiro de artrite, mas um comprometimento de engrossamento do tecido conectivo associado secundariamente a artrite.

Ataca com maior freqüência as mulheres que os homens, e com maior incidência dos 40 aos 60 anos.

É denominada doença CREST, que identifica o comprometimento sistêmico da doença, como:

C = Arritmias cardíacas.
R = Raynaud (alteração circulatória nas pontas dos dedos, por diminuição do diâmetro dos vasos).
E = Comprometimento do esôfago.

S = Calcinose, artrite.
T = Telangectasias (anormalidades vasculares parecidas a teia de aranha).

As características da doença incluem:

1) Engrossamento da pele, que em certas circunstâncias limitam, por exemplo, a abertura da boca.
2) Dores articulares, associadas a processos inflamatórios que limitam os movimentos das juntas comprometidas.
3) Presença de cálcio debaixo da pele (calcinose), associada a manchas vasculares (telangectasias).
4) Ocasionalmente encontramos comprometimento sistêmico, como o dos rins, que vem associado a crises hipertensivas e presença de proteína na urina, convulsões, diminuição da acuidade visual e perda da função renal.

Outras formas de artrite

1) *Artrite Infecciosa*

Existem diferentes formas de infecção bacteriana que podem comprometer as articulações, que incluem, entre outros:

a) Estafilococos.

b) Meningococos.

c) Gonococos (gonorréia).

d) Secundária a infecções a distância, como pielonefrite, colecistite, tuberculose e osteomielite.

e) Recentemente foi identificada uma bactéria transmitida por um carrapato que desencadeia uma reação artrítica. Essa doença foi denominada Lyme, em homenagem à cidade de Connecticut, onde a doença foi inicialmente identificada.

Vários tipos diferentes de bactérias podem se mobilizar através do sangue para o interior das articulações, onde determinam a formação de material purulento e condicionam uma possível destruição da junta.

Dependendo do tipo de infecção o tempo pode ser um fator importante: as articulações podem ser destruídas em dias ou condicionar uma artrose degenerativa, se não são tratadas a tempo.

2) *Artrite Psoriática*

É secundária à doença denominada psoríase, que consiste em um processo descamativo da pele. Secundariamente pode comprometer as articulações, condicionando um quadro similar ao dos pacientes com artrite reumatóide.

3) *Dermatomiosite Poliomiosite*

Não é considerada uma verdadeira artrite, porém como é considerada uma doença sistêmica, que compromete a pele e os músculos perto das articulações, pode determinar uma debilidade muscular assim como a destruição das estruturas adjacentes.

4) *Vasculite*

Tal qual a anterior não é considerada uma verdadeira artrite. É uma doença que envolve de forma inflamatória, os vasos sanguíneos que incluem as veias e as artérias e secundariamente pode determinar a presença de comprometimento articular.

5) *Poliarterite*

Literalmente, significa um processo inflamatório que ataca muitas artérias. É uma forma de vasculite, porém é considerada como a forma mais grave e séria de processo inflamatório dos vasos sanguíneos e que repercute secundariamente em um processo inflamatório articular.

6) *Doença de Sjroegren*

É uma colagenopatia que acontece com maior freqüência nas mulheres que nos homens.

Não é uma doença muito freqüente, porém o comprometimento determinado por esta doença limita o desenvolvimento das atividades normais nos pacientes acometidos.

Caracteristicamente a doença apresenta três elementos comprometidos:

a) Artrite, que simula a artrite reumatóide sem grandes deformidades.
b) Ausência de lágrima, denominada xeroftalmia. Nesse caso, o paciente precisa usar lágrima artificial.
c) Ausência de saliva, denominada xerostomia.

É uma doença de difícil tratamento e de prognóstico variável dependendo da convivência do paciente com a doença.

Drogas mais empregadas no tratamento das doenças reumáticas

Vamos analisar de forma prática os medicamentos mais utilizados na forma habitual de prescrição no tratamento das doenças reumáticas, devendo-se entender que a maioria citada forma parte do grupo de anti-reumáticos que visam controlar a dor e o processo inflamatório secundário ao processo reumático.

Entretanto, um segundo grupo de drogas tenta inibir o sistema imunológico do indivíduo para impedir a formação dos denominados auto-anticorpos, limitando a auto-agressão determinada pelos linfócitos (anticorpos) contra os próprios tecidos do organismo.

1) *Antiinflamatórios não esteróides*

a) Salicilatos:
– ácido acetíl salicílico (*AAS, Aspirina, Buferin*).
b) Derivados do ácido indol-acético:
– Indometacina (Indocid).
– Sulindac (somente aviado no Brasil).
c) Derivados pirazólicos:
– Fenilbutazona (Butazolidina).
– Oxifenbutazona (Tandrexin 500).
– Feprazona (Metrazone).
d) Derivados do ácido fenilacético:

- Diclofenac Sódico (Voltaren, Biofenac).
- Diclofenac Potássico (Cataflam).
e) Derivados dos fenamatos:
  - Ácido mefenâmico (Ponstan).
f) Derivados do ácido propionóico:
  - Ibuprofen (Motrin).
  - Cetoprofeno (Profenid).
  - Naproxen (Naprosyn).
g) Derivados do oxicam:
  - Piroxicam (Piroxene, Feldene).

Mecanismos de ação

Todos os componentes do grupo de anti-reumáticos não esteróides participam do metabolismo das prostaglandinas ao nível da lipooxigenase como podemos observar na fig. 6, onde por ação da lipooxigenasa se formam potentes substâncias antiinflamatórias denominadas leucotrienos, cuja ação fundamental consiste em:

1) Estimular a quimiotaxia dos neutrófilos (leva esta forma de glóbulo branco à região onde existe o processo inflamatório).

2) Aumentar a liberação de enzimas proteolíticas dos neutrófilos, e de outros tipos de glóbulos brancos, como os eosinófilos e monócitos.

Os anti-reumáticos não esteróides inibem seja a enzima ciclc-oxigenase ou a fosfolipase, desviando o curso para a lipooxigenase, aumentando a produção dos leucotrienos, que, como foi afirmado, são substâncias antiinflamatórias. As fosfolipases são cálcio-dependentes para exercer sua função enzimática, o que explica que algumas das drogas antiinflamatórias têm efeito antagônico ao cálcio, obtendo a inibição do enzima fosfolipase.

Efeitos colaterais

1) Gastrointestinais:
   a) Úlcera péptica.
   b) Gastrite erosiva.

c) Constipação.
d) Diarréia.
e) Náuseas.
f) Epigastralgias.
g) Vômitos.

2) Hematológicas:

   a) Altera a síntese de tromboxane A2, afetando a agregação plaquetária, determinando um aumento da incidência de processos hemorrágicos.

   b) Anemias de diferentes etiologias, inclusive aplásica.

   Deve-se tomar muito cuidado quando utilizado simultaneamente com anticoagulantes.

   c) Renais:
   – Edema por retenção de sódio por inibição de prostaglandina renal.

3) Outros efeitos colaterais:

   a) Em asmáticos pode desencadear broncoespasmos.

   b) Em pacientes sensíveis pode desencadear diferentes tipos de alergia.

   c) Alterações hepáticas com aspirina e acetominofeno.

   d) Alterações do sistema nervoso central como confusão, nervosismo, cefaléia (dor de cabeça), tonturas.

   Em geral, para a administração destas drogas devemos tomar os seguintes cuidados:

   a) Têm de ser prescritas com muito cuidado para pacientes portadores de diferentes graus de disfunção renal, insuficiência cardíaca, cirrose hepática e ascite (acúmulo de líquido na região abdominal, em grande parte devido a insuficiência hepática ou cardíaca).

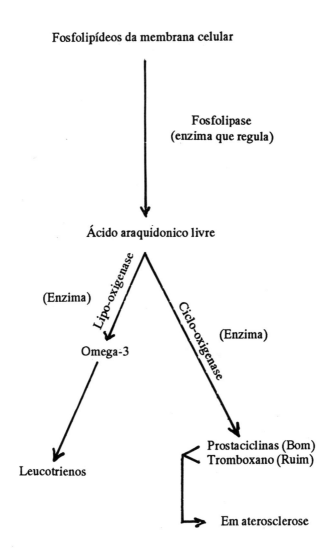

Fig. 6 – Formação dos leucotrienos

b) Antes de ser considerada inefetiva, uma droga deve ser utilizada pelo menos durante duas semanas em doses adequadas.

c) A dose antiinflamatória dos medicamentos não esteróides é relativamente maior que a dose analgésica (controle da dor).

d) Os pacientes que se utilizam dessas drogas devem ter um monitoramento da função renal e hepática quando as circunstâncias assim o definirem.

e) Deve-se tomar muito cuidado na interação com outras drogas que possam potencializar algum efeito contrário às necessidades do organismo.

f) Não é recomendável o uso simultâneo de duas drogas do mesmo grupo de antiinflamatórios, porque simplesmente pode aumentar a incidência dos efeitos colaterais sem necessariamente melhorar o efeito terapêutico.

Passaremos a considerar algumas particularidades de cada um desses grupos, em especial. Porém, separadamente, incluiremos na análise final os seguintes componentes novos, recentemente introduzidos no mercado farmacológico do tratamento da dor, inflamação e no caso das doenças reumáticas, a considerar:

1) Acetominofeno.
2) Nimulide.
3) Codeína.
4) Tramadol.

Salicilatos

O ácido acetilsalicílico é o antiinflamatório mais comum e provavelmente o mais utilizado. É um produto rapidamente absorvido pelo trato gastrointestinal, para distribuir-se nos tecidos e líquidos corporais.

Nos pacientes com artrite reumatóide são necessárias doses muito altas (acima de quatro gramas ao dia) para controlar os sintomas da doença, divididas em horários apropriados e principalmente após as refeições.

Atualmente existem derivados do ácido acetilsalicílico que não foram absorvidos pelas indústrias farmacológicas. Entretanto, uma parte pode ser encontrada nas farmácias de manipulação.

Derivados do Ácido Indol Acético

Possuem propriedades antiinflamatórias, analgésicas e antipiréticas.

A indometacina é a droga mais conhecida e antiga deste grupo. Tem absorção rápida por via gastrointestinal, porém é um pouco mais lenta quando administrada por via retal. É considerada como uma droga de eleição nos pacientes com espondilite anquilosante e nos pacientes com artrite gotosa.

É amplamente utilizada em diferentes patologias reumáticas, e no controle dos sintomas da tensão pré-menstrual.

O sulindac é um derivado da indometacina, e por ser uma pró-droga a sua atividade farmacológica depende de um de seus metabólitos (sulfuro), e desta forma provavelmente possui menos efeitos colaterais. Esta droga só pode ser obtida no Brasil via farmácias de manipulação.

Derivados Pirazolônicos

A fenilbutazona é um potente agente antiinflamatório. É considerada como um dos de primeira escolha em pacientes com espondilite anquilosante, porém seu uso deve ser limitado por seus efeitos colaterais associados. Contudo, pacientes com gota, artrite reumatóide e a própria espondilite, que não respondem a outros anti-reumáticos, parecem responder à fenilbutazona.

Deve-se tomar muito cuidado em pacientes cardíacos descompensados, anêmicos, com patologia renal e alterações sanguíneas; em pacientes sensíveis podem surgir erupções alérgicas.

Derivados do Ácido Fenilacético

São drogas indicadas para doenças como artrite reumatóide, osteoartrite, preferencialmente, e com menor intensidade, em pacientes com gota, espondilite anquilosante e outras colagenopatias.

O anti-reumático mais utilizado deste grupo de drogas é o diclofenac sódico, com a vantagem de ser utilizado inclusive em doses únicas.

Como os outros grupos, existe o problema da incidência de efeitos colaterais associados.

O diclofenac sódico não deve ser administrado junto com o ácido acetil salicílico porque diminui os níveis plasmáticos do primeiro. Este tipo de medicamento pode ser administrado por via oral, retal e injetável.

Derivados dos Fenamatos

O medicamento principal deste grupo é o ácido mefenâmico, que é considerado como um anti-reumático de segunda linha, porém de extrema importância para o controle dos sintomas de tensão pré-menstrual, assim como as cólicas durante a menstruação.

Derivados do Ácido Propiônico

Está formado pelo maior número de drogas anti-reumáticas conhecidas, assim como é possuidor do menor número de efeitos colaterais, embora presentes.

São considerados como bons analgésicos e possuidores de aceitável capacidade antiinflamatória, determinando que sejam considerados como antiinflamatórios de primeira linha para pacientes com artrite reumatóide. Porém, suas indicações podem ser aumentadas a patologias reumáticas diversas, assim como dores secundárias aos períodos menstruais.

O ibuprofeno tem uma vida média muito curta (aproximadamente duas horas) daí ser necessário administrá-lo várias vezes por dia (entre 3 a 4 doses). Dentre seus efeitos colaterais mais importantes citamos: hepatite (inflamação do fígado) e colocistite (processo inflamatório da vesícula). Raras vezes pode desencadear meningite asséptica em pacientes com lúpus eritematoso sistêmico.

O naproxen é o que tem vida média mais longa deste grupo (média de 13 horas), e é bem tolerado, porém pode apresentar efeitos colaterais severos, principalmente gastrointestinais, que são os mais comuns.

Derivados do Oxican

O piroxicam é o anti-reumático mais conhecido deste grupo. Pode ser administrado por via oral, retal, e injetável, existindo inclusive em comprimidos efervescentes.

É de fácil absorção e tem uma vida média prolongada (varia de 36 a 45 horas), quando utilizado em doses de 20 miligramas por dia.

Seus efeitos colaterais são intensos e os mais observados são alterações gastrointestinais e erupções alérgicas em indivíduos sensíveis à droga.

Outros anti-reumáticos:

1) *Acetominofeno (Tylenol)*

Analgésico e antipirético, porém sem propriedades antiinflamatórias. Principalmente indicado em pacientes com intolerância gástrica aos outros anti-reumáticos anteriormente citados, por possuir a propriedade de aliviar dores (de leve a moderada intensidade) em pacientes portadores de diferentes modalidades de reumatismo.

Entre os efeitos colaterais mais importantes podemos citar: excitação, alergia, icterícia, febre, hipoglicemia (níveis baixos de açúcar); no entanto, é uma droga relativamente bem tolerada.

2) *Codeína*

É um analgésico de tipo narcótico que permite controlar dores de leve a moderada intensidade. Entre seus efeitos colaterais são citados: tonturas, vômitos, náuseas, perda de apetite, suor profuso, euforia, debilidade, sonolência, cefaléia etc.

Quando empregado por períodos prolongados (meses) pode provocar dependência.

3) *Anti-reumáticos Antioxidantes*

Recentemente incorporados ao arsenal terapêutico com o intuito de inibir os radicais livres (cuja importância discutiremos na segunda parte deste livro), e controlar os sintomas desencadeados pelas doenças reumáticas nas suas múltiplas modalidades.

O nimesulide (*Nisulide, Scaflam*) é seu principal representante e único até o presente momento. Em comprimidos de 100 miligramas foi incorporado no mercado farmacológico como conseqüência da aceitação do conceito dos radicais livres nos processos degenerativos crônicos que acontecem no interior do organismo.

Apesar de ser indicado como uma droga importante e sem os efeitos colaterais citados para os outros anti-reumáticos, é importante citar que o nimesulide pode associar-se a efeitos gastrointestinais adversos assim como a alergia, principalmente em pacientes alérgicos ao ácido acetilsalicílico, além de precipitar alterações hepáticas e renais.

Sendo um produto recém-desenvolvido, muitos fatores ainda não estão completamente elucidados, daí recomendar-se precaução no seu uso, embora na nossa opinião seja um importante avanço na ciência da dor e sua relação com os fatores de oxidação dos tecidos.

Drogas imunorreguladoras

Ainda não sabemos exatamente o mecanismo de ação das drogas imunorreguladoras, mas é sabido que diminuem a proliferação das células que agridem os tecidos (glóbulos brancos), afetando de forma simultânea o nosso sistema de defesa humoral (anticorpos), e celular (linfócito T, defesa retardada).

Parecem ter efeito antiinflamatório por diminuírem algumas imunoglobulinas, principalmente a IGE e IGM.

A maior parte das colagenopatias são consideradas como doenças auto-imunes. Em outras palavras, por algum mecanismo desconhecido o sistema de defesa encarregado de proteger-nos perde esta propriedade e auto-agride seus próprios tecidos desencadeando diferentes tipos de doença. O mecanismo principal de ação dos imunorreguladores seria inibir a presença destes anticorpos, conseqüentemente diminuindo a agressão aos próprios tecidos.

Classificação

a) Agentes alquilantes:
 – Ciclofosfamida (Enduxan).
 – Clorambucil (Leukeran).
 – Mostaza nitrogenada (não existe comercialmente no Brasil).
b) Antagonistas das purinas:
 – 6 Mercaptopurina (Mercaptina).
 – Azatioprina (Imuran).
c) Antagonistas do ácido fólico:
 – Metrotexate (Methrotexate).

Deve-se recordar que é importante considerar a potencial evolução da doença reumática, com os altos efeitos tóxicos deste grupo de drogas a ser utilizado. Portanto, é importante avaliar o resultado risco-benefício do seu uso.

A ciclofosfamida é um derivado da mostaza nitrogenada e administrado em bolo por via endovenosa. Age bloqueando as funções dos ácidos nucléicos (principalmente no DNA).

Sua principal indicação é em pacientes com lúpus eritematoso ativo com lesões reversíveis que não respondem a altas doses de corticóides, porém conserva uma série de efeitos colaterais, principalmente sobre a medula óssea (trombocitopenia – diminuição de plaquetas e anemia), que pode determinar a evolução progressiva de infecções, determinar alopecia (queda de cabelo), depressão medular, transtornos gastrointestinais, hepatite, infertilidade e processos malignos.

A azatioprina é um produto derivado da 6-mercaptopurina e pode ser administrada por via oral. Reduz a produção de anticorpos e das células de imunidade celular. É empregada em pacientes com artrite reumatóide, lúpus eritematoso e polidermatomiosite.

Seus efeitos colaterais acontecem sobre a medula óssea, com caráter reversível quando a droga é diminuída ou suspensa, definida por trombocitopenia, leucopenia (diminuição dos glóbulos brancos), transtornos gastrointestinais, hepatite, febre, *rash* cutâneo, erupções alérgicas e pode desenvolver tumores do tipo linforreticular e linfoma intracerebral.

O metrotexate é o representante mais importante dos antagonistas do ácido fólico e pode ser administrado por via oral ou intramuscular, em doses únicas semanais. É indicado principalmente em pacientes com artrite reumatóide, artrite psorática e poliomiosite.

Age diminuindo a inflamação e o edema articular, melhorando a rigidez matinal, assim como diminui a velocidade de hemossedimentação.

Entre seus efeitos colaterais podemos citar:

Leucopenia, trombocitopenia, anemia, estomatite, dor abdominal, náuseas, vômitos, diarréia e cirrose hepática.

Outros imunorreguladores

a) D-Penicilamina (Cuprimine):

Já foi muito empregada em pacientes com artrite reumatóide ou artrite psorática. É um agente quelante que inibe principalmente o cobre, pois muitos autores acreditam na existência de uma relação direta entre os níveis de cobre plasmático e o desencadear da artrite reumatóide. É utilizada por via oral, em doses diárias, porém com efeitos colaterais importantes ao nível sanguíneo, gastrointestinal, hepático e renal. Com os atuais conhecimentos, pode ser substituído, quase sem riscos, pelo zinco, por via oral, que também atua como agente quelante do cobre plasmático.

b) Difosfato de cloroquina:

É uma droga utilizada principalmente no combate à malária, sendo que suas indicações foram incrementadas para artrite reumatóide e lúpus eritematoso sistêmico.

É uma droga altamente tóxica apresentando: irritabilidade, cefaléia, pesadelos, alterações nos movimentos dos olhos, câimbras, fraqueza, alterações visuais, diarréia, debilidade muscular, convulsões etc.

É utilizada exclusivamente por via oral, muitas vezes associadas a anti-reumáticos e por via de manipulação.

c) Sais de Ouro: oral (Ridaura), intramuscular (Solganal americano).

Indicado principalmente em pacientes com artrite reumatóide e artrite reumatóide juvenil. São administrados em associação a outros antiinflamatórios principalmente do grupo dos salicilatos. Parecem ser muito eficazes no processo inflamatório ativo; não são analgésicos, porém, podem determinar a remissão do quadro inflamatório, assim como impedir a formação de novas erosões ósseas.

São contra-indicados em pacientes com: lúpus eritematoso, doença hepática, doença renal e com discrasias sanguíneas.

Entre seus efeitos colaterais podemos encontrar:

Rachas na pele, alergias, perda de cabelo, perda do sentido do gosto e olfato, inflamação da boca e do trato respiratório superior, suor profundo, vaginite, febre, tosse, diminuição da freqüência cardíaca, discrasias sanguíneas, alterações gastrointestinais, e alterações oculares.

O grupo de drogas denominadas imunorreguladoras tem por objetivo diminuir o efeito nocivo aos tecidos, condicionado por um excesso de produção de auto-anticorpos. É possível cumprir este objetivo com grande sucesso, sendo que o custo operacional termina sendo muito alto para a maioria dos pacientes, quando avaliados os efeitos colaterais.

Faz-se importante destacar que o grupo de drogas discriminado, tem uma alta potência de efeitos colaterais e contra-indicações. Além disso, para determinar a eficácia da droga não são suficientes umas poucas doses. Pelo contrário, exigem-se a administração prolongada do medicamento até determinar sua eficácia, ou eventualmente o insucesso do seu efeito terapêutico. Porém, durante o período de administração, exigem-se exames de pré-administração, inclusive quando o medicamento for suspenso, seja por inoperância, por efeito tóxico, ou por ter cumprido com sua função terapêutica. Os principais fatos a serem controlados incluem: função renal, função hepática e avaliação dos componentes sanguíneos.

Corticosteróides

Relacionamos abaixo só os que existem para uso corrente no Brasil, sendo os seguintes componentes:
- *Prednisona* (Meticorten).
- *Prednisolona* (Deltacortril).
- *Hidrocortisona* (Flebocortid).
- *Metilprednisolona* (Depo-Medrol).
- *Triancinolona* (Omcilon).
- *Dexametasona* (Decadron).
- *Betametasona* (Celestone).

A hidrocortisona tem eficácia terapêutica um pouco superior a da cortisona, além de ser melhor tolerada, na sua forma de succinato sódico de hidrocortisona e utilizada por via endovenosa, como tratamento de insuficiência adrenocortical, choque e nos estados de mal asmático.

A prednisona foi introduzida em 1955, com propriedades antiinflamatórias cinco vezes maiores que a cortisona, em paralelo com a diminuição dos seus efeitos colaterais. Tem uma vida média biológica de 12 a 36 horas. Outros metabólicos provêm da prednisona; entre eles quais destacamos a fluorprednisolona, que não existe comercialmente no Brasil porém tem 18 vezes maior poder antiinflamatório, mas ao mesmo tempo a incidência de efeitos colaterais é exageradamente maior, o que obriga, praticamente, a utilizá-la em pomadas de aplicação tópica.

A triancinolona é um derivado da fluorprednisolona, e possui atividade antiinflamatória parecida à da metilprednisolona. Produz uma menor retenção de água e sal e não costuma provocar distúrbios psíquicos nem excitação, porém possui todos os outros efeitos colaterais dos demais corticóides.

A dexametasona é considerada quarenta vezes mais potente que a cortisona em suas propriedades antiinflamatórias, menos diabetogênicas que os outros componentes de corticóides, e causa menos inapetência e irritação gástrica. Tem uma vida média biológica de aproximadamente quarenta horas.

A betametasona tem uma potência equivalente à dexametasona, e igualmente provêm de modificações estruturais na molécula de fluorprednisolona.

Os corticóides são hormônios produzidos pelo corte da glândula supra-renal (localizada no pólo superior dos rins). Na década de 80 foram considerados como a arma mais potente no combate às doenças reumáticas, porém na atualidade existem inúmeras controvérsias sobre seu uso, principalmente pelos efeitos colaterais associados a seu uso e pela falta de evidência de que realmente alteram o curso evolutivo da doença.

Os corticóides são formados pelo metabolismo do colesterol e produtos farmacológicos adequadamente absorvidos por via de administração. Não se conhece exatamente seu mecanismo de ação, porém se acredita que deva aos seguintes fatores:

1) Diminuem a permeabilidade capilar (extravasão de líquidos).
2) Bloqueiam a migração dos leucócitos, inibindo o processo inflamatório.
3) Estabilizam os lisossomas, que eliminam enzimas destrutivas dos tecidos.

4) Inibem a produção dos anticorpos, limitando a auto-agressão.

5) Inibem a cascata das prostaglandinas.

As principais complicações do seu uso limitam sua administração nas diferentes patologias nas quais possa ser indicada. Sua associação a freqüentes efeitos colaterais, muitas vezes severíssimos, pode colocar em perigo a vida do paciente. Estes efeitos colaterais, na maior parte das vezes, podem superar os efeitos benéficos da droga, entre eles podemos citar:

1) Influenciam no metabolismo de quase todos os setores da ergonomia do corpo humano.

2) Produzem alterações cutâneas como a presença de atrofias e estrias.

3) Indicam alterações no sistema nervoso central como: nervosismo, instabilidade emocional, psicose maníaco-depressiva e esquizofrenia.

4) Produzem fraqueza muscular e miopatias.

5) Causam balanço negativo do metabolismo do cálcio, por diminuírem a absorção gastrointestinal do mesmo, que conseqüentemente pode determinar diferentes graus de osteoporose (perda da porosidade e da estrutura óssea) o que resulta no aumento da incidência de fraturas patológicas.

6) Desenvolve uma necrose asséptica da cabeça do fêmur.

7) Pode favorecer a hipertensão arterial (aumento de pressão, por retenção de água e sal, e por liberar catecolaminas, adrenalina e noradrenalina).

8) Aumenta a incidência de transtornos gastrointestinais como gastrite, úlcera gástrica e esofagite.

9) Pode aumentar a pressão intra-ocular, aumentando a incidência de cataratas, e uma maior predis-

posição para desenvolver herpes zoster ocular (enfermidade viral).

10) Pode desencadear infecções.

11) Reduz a formação de auto-anticorpos.

12) Suprime o eixo hipotálamo hipofisiário, e seu uso prolongado pode determinar uma insuficiência supra-renal, quando é subitamente suspenso seu uso.

13) Pode determinar aumento de peso, síndrome de Cushing (cara de lua cheia), acnes, estrias, equimoses e crescimento do cabelo.

É deveras importante lembrar que os corticóides:

a) Nunca devem ser utilizados como agentes iniciais de tratamento.

b) Só devem ser utilizados caso as outras opções não tenham dado certo.

c) Devem ser associados a outros antiinflamatórios, mas nunca como substitutos dos mesmos.

Os corticóides estão definitivamente contra-indicados em pacientes com:

1) Úlcera péptica ativa.

2) Osteoporose generalizada.

3) Transtornos psíquicos.

4) Presença de infecção.

5) Diabetes Mellitus não adequadamente controlada.

6) Doenças vasculares graves.

7) Glaucoma.

Os corticóides têm sido utilizados freqüentemente em injeções intra-articulares, principalmente quando existem comprometimentos isolados de uma articulação. Na fig. 7 podemos observar a técnica da injeção.

Existe um poderoso efeito local, que pode durar de 5 a 21 dias, porém tem uma discreta absorção sistêmica que pode determinar alguns efeitos colaterais presentes.

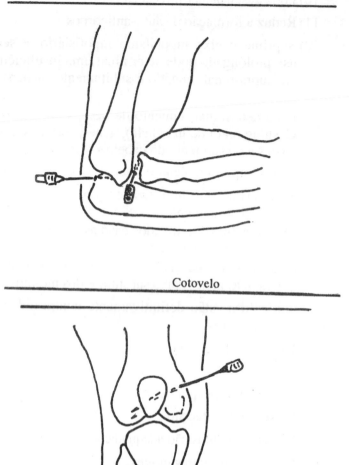

Fig. 7 – Técnica de injeções intra-articulares

A maior limitação do seu uso local, é que pode determinar uma destruição muito acentuada da cartilagem, assim como da porosidade óssea e ser causador da artrose, assim como de osteoporose secundária ao uso dos corticóides.

Tratamento cirúrgico (figs. 8-9)

É uma possibilidade terapêutica em pacientes portadores de processos degenerativos crônicos e irreversíveis de doenças reumáticas. É indicado principalmente nas seguintes situações:

1) Contato íntimo das superfícies articulares por excessiva destruição da cartilagem.
2) Dor intensa, ou seja, um quadro articular ligeiramente inferior ao exposto no item 1.
3) Alterações anatômicas e posturais que recomendam a colocação de prótese.
4) Dor intensa que não responde ao tratamento clínico habitual, em que a situação anatômica exige o implante de uma prótese.

As próteses, como estão descritas nas figuras, visam substituir as superfícies articulares utilizando, para tal fim, material metálico ou de polietileno, reconstruindo o contato articular para manter o funcionamento anatômico e fisiológico das articulações a serem substituídas.

O sucesso terapêutico é limitado em tempo e eficiência.

Comentários finais da primeira parte

Tivemos a oportunidade de revisar, de forma ampla, os conhecimentos teóricos sobre as múltiplas formas de apresentação do reumatismo, ao mesmo tempo as formas habituais de tratamento, com o intuito de vencer a doença, invalidante ao extremo de limitar completamente a vida social de alguns pacientes, destinados a viver o resto da vida em cadeira de rodas, dependentes da família ou pessoal especializado, em busca de um mínimo de qualidade de vida.

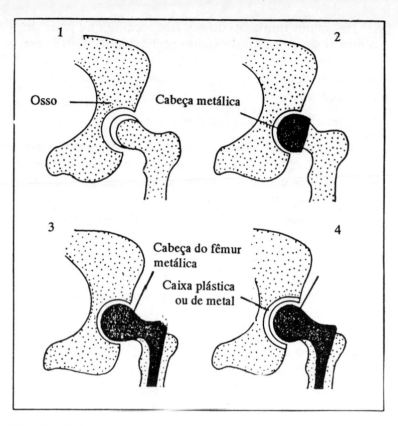

Fig. 8 – Prótese coxofemoral.

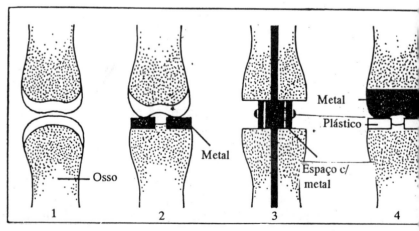

Fig. 9 – Prótese do joelho.

Achamos que ficou claro e evidente, que tudo o que foi explicado até o momento, mostra uma forma de controlar os sintomas da doença, porém foi esquecido que quanto menos dor tem o paciente, melhores e maiores poderão ser os movimentos. Fato benéfico para a sua qualidade de vida, mas que em boa porcentagem de situações poderá piorar a situação, independente da vontade do médico e do paciente.

A dor é o mecanismo de defesa utilizado pelo organismo para alertar que alguma coisa não está funcionando bem, e que medidas são necessárias para evitar problemas maiores. Sem a dor, o organismo não teria condições de preparar-se para a destruição dos tecidos, e quando a controlamos, sem limitar o processo autodestrutivo, simplesmente estamos dando as melhores condições para a doença tomar conta do quadro.

Este fato também se entende pela simples razão de que, passado algum tempo, os anti-reumáticos perdem sua capacidade farmacológica e o terapeuta vê-se obrigado a substituí-lo por algum outro. A razão desta limitação deve-se aos seguintes fatores:

1) Tolerabilidade por parte dos tecidos do organismo.

2) Perda da eficácia terapêutica.

Quando isto acontece, vemo-nos obrigados a utilizar imunorreguladores, inclusive a cortisona, que para muitos médicos chega a ser a primeira opção, principalmente por via intramuscular, que tem a aparente vantagem de ser utilizada a cada 21 ou 30 dias, mostrando uma aparente melhora clínica do paciente, sem considerar que o uso a médio e longo prazo será determinado pelos efeitos colaterais.

Apesar da introdução de todo o arsenal terapêutico existente, as doenças reumáticas continuam como as mais invalidantes. Isto nos demonstra as limitações que a medicina classicamente aceita. Porém a ninguém parece interessar encontrar uma solução definitiva, porque as doenças crônicas são um excelente mercado de consumo de drogas, do diagnóstico ao fim da vida do paciente. Mas, seu uso prolongado, até o momento, não conseguiu demonstrar que possa interferir ou modificar a história natural das doenças reumáticas.

Após mais de quatro anos de experiência e mais de 2.000 pacientes tratados, consideramos que foi encontrada uma solução para manter a qualidade de vida dos pacientes, praticamente sem efeitos colaterais e permitindo a muitos deles retomar sua vida social, com a intensidade que tinham, antes de declarar-se a doença.

O fato é que o tempo tem se encarregado de mostrar que estamos certos e podemos aumentar as indicações das patologias reumáticas, até as mais graves, com diferentes graus de sucesso.

Fez-se necessário encontrar uma explicação científica que possa satisfazer gregos e troianos, em relação ao procedimento terapêutico que vamos apresentar. Isto nos obrigou a pesquisar muito, antes de implantá-lo, principalmente a esclarecer conceitos através de trabalhos científicos.

Evidentemente que tivemos muitos problemas para poder encontrar uma ajuda dentro da própria classe médica, porque o ceticismo é maior que a realidade e aquilo que não é defendido pelo professor parece não ter suficiente força para ser verdadeiro.

Este fato não é geral, porque na medida em que obtínhamos sucesso terapêutico com os pacientes tratados, muitos colegas começaram a procurar-nos para conhecer melhor aquilo que fazíamos, já que a melhor propaganda do médico é o próprio paciente, que é restabelecido para a sociedade.

Hoje existem colegas, em diferentes estados, dando os primeiros passos com esta terapêutica, de muito fácil aplicação, porém que exige um rigoroso treinamento para obter sucesso terapêutico sem efeitos colaterais.

Muitos afirmam que eliminamos drogas mas mantemos o paciente com controles periódicos por longo tempo. A explicação é cabível pela simples razão de que, se a doença não tem cura, é possível mantê-la sob estrito controle, sem acompanhamento farmacológico e mantendo um excelente nível de vida, controlando a auto-oxidação dos tecidos, no caso em particular, ossos, cartilagens, ligamentos, tendões, músculos e sistema vásculo-nervoso.

Queremos enfaticamente deixar claro que o tratamento não é uma revolução feita por nós: aplicamos o que é feito individual e limitadamente em outros países, principalmente na Europa e nos Estados Unidos. Juntamos o útil ao agradável, separamos as partes interessantes e criamos um sistema de tratamento para doenças reumáticas, que para facilitar sua compreensão foi definido como tratamento *triconjugado* da medicina, baseando seus conceitos nos princípios ortomoleculares.

O princípio ortomolecular preconiza que o organismo é formado por trilhões de células, e mantendo-as em equilíbrio e harmonia, podemos afirmar que estamos preservando a saúde do indivíduo.

A crítica é imperiosa em todo tipo de raciocínio científico e por esta razão, ao expor os fundamentos do tratamento, não poderemos evitar a censura por uns, elogios por outros. Nosso objetivo principal, tornando pública esta nossa experiência, é mostrar os fatos que nos levaram a implantar este procedimento terapêutico e sua margem de sucesso, no tratamento dos pacientes com patologias reumáticas. As críticas, quando construtivas, aumentam o potencial da nossa sabedoria; quando destrutivas, passam como o vento, sem deixar lembranças.

A medicina precisa de mais incentivos para procurar a solução das doenças degenerativas crônicas, evitando a administração de simples paliativos, e isto só será conseguido quando juntarmos esforços na procura de soluções, que têm de ser individualizadas e não de fazer uma medicina de grupos, onde o que é bom para um, é bom para todos. Assim como não há dois indivíduos com as mesmas impressões digitais, não encontraremos o mesmo desenvolvimento anatômico e fisiológico, de uma doença reumática, em dois pacientes diferentes.

VAMOS ENTRAR NUM MARAVILHOSO MUNDO DA CIÊNCIA INEXPLORADA

O reumatismo tem solução

Para compreender como podemos tratar as doenças reumáticas sem a presença dos múltiplos efeitos colaterais das drogas habituais, utilizadas no tratamento deste tipo de doença, faz-se imperativo conhecer os prováveis mecanismos que a produzem, e como seria possível controlar a sua evolução, com um novo critério, que já tem mais de 2.000 pacientes tratados.

Evidentemente, que na medida em que o tempo vai passando, muito mais conhecidos se tornam os aspectos bioquímicos inerentes às alterações dos tecidos, assim como as respostas imunobioquímicas determinadas pelo próprio organismo. Este fato é de tal importância que permite adequar tratamentos para os processos degenerativos crônicos, como no caso das doenças reumáticas, de grande efeito terapêutico e limitadíssimos efeitos colaterais, determinando uma redução expressiva dos pacientes que precisam abandonar o tratamento, por problemas de intolerância.

Muitos conceitos têm alcançado notoriedade recentemente, apesar de serem defendidos há muitos anos, embora o ceticismo ainda rodeie de suspeitas o verdadeiro significado científico dos enunciados referidos. Na maior parte das vezes, a indiferença ou a dúvida derivam do fato de muitas descobertas terem nascido fora das universidades e dos grandes laboratórios. Conseqüentemente, estas situações têm criado muitos constrangimentos, principalmente por obrigarem a aceitar fatos consumados que foram motivo de múltiplas críticas e indiferença. Isto obriga agora a mudanças nos conceitos em medicina, vindo a confirmar a frase: "Em medicina todo fato atual pode deixar de sê-lo, e muito do que é considerado superado pode vir a ser novamente atual".

Para conhecer melhor o tratamento aqui sugerido para as doenças reumáticas, achamos importante analisar previamente os possíveis mecanismos de geração desta doença, entendendo melhor como funciona o tratamento no controle das doenças reumáticas.

Evidentemente, nosso objetivo é tentar mostrar, da forma mais simples, como diferentes processos imunológicos e bioquímicos interferem no equilíbrio do organismo. É a perda deste equilíbrio que determina a aparição de diferentes doenças. Para compreender esta situação dividimos, de forma sucinta, os processos que estariam interligados à aparição destas doenças:

1) Reação auto-imune.

2) Presença de radicais livres (RL).

Reação auto-imune

O organismo humano está formado por um sistema de defesa caracterizado por dois grupos:

> a) Reação humoral, ou de resposta imediata, que está constituída pelos anticorpos; e

b) Reação celular, ou de resposta tardia, constituída pelos linfócitos T, que tem a característica de dar origem aos anticorpos.

A teoria mais comum em relação a doenças degenerativas crônicas, e no caso especial das doenças reumáticas, sugere que por algum mecanismo desconhecido os anticorpos, que têm a obrigação de defender o organismo, perante agressão interna ou externa, terminam deixando de reconhecer seus próprios tecidos, determinando uma reação de auto-agressão. Em resumo, o indivíduo se auto-agride e, no caso das doenças reumáticas, seus próprios anticorpos atacam e destroem os tecidos, que formam parte de cada articulação.

Este tipo de reação é denominada auto-imune e apresenta-se não só em pacientes com patologias reumáticas, mas é freqüente em outras doenças sistêmicas como: lúpus eritematoso, glomerulonefrite (doença do rim), diabetes, alergia etc.

Na forma clássica são utilizados os imunorreguladores (cortisona, methotexare, sais de ouro etc.) para se obter uma diminuição da formação destes anticorpos, controlando-se a evolução da doença. Tais imunorreguladores são evidentemente associados a anti-reumáticos e antiinflamatórios para controle dos sintomas; porém, como temos podido determinar, na primeira parte os efeitos colaterais são extremamente altos, além de que, como a maior parte dos autores considera, praticamente não se altera o curso da doença reumática.

O intuito do tratamento ortomolecular está relacionado aos estudos do Prof. Theurer, na Alemanha, pelos quais se tem demonstrado que a auto-hemoterapia ou contra-sensibilização, inicialmente utilizada em pacientes com alergias, é também indicada para doenças auto-imunes, porque bloqueia sua formação, condicionada pela presença de auto-anticorpos. Mais detalhes serão analisados posteriormente, porém é importante frisar que este tipo de tratamento está isento de efeitos colaterais, e apesar de ser uma terapêutica prolongada, a qualidade de vida do paciente é mantida, quando associada ao conjunto do tratamento ortomolecular.

Radicais Livres (RL)

Este é um dos conceitos mais modernos que se conhece e que explica a relação dos processos oxidativos com a presença de doenças crônicas, sejam inflamatórias ou degenerativas.

Quando a vida foi criada na superfície terrestre não existia oxigênio livre na atmosfera, apenas nos organismos que o formavam por vias anaeróbicas (na ausência de oxigênio). Posteriormente, por diferentes explosões geológicas e biofísicas, o oxigênio entrou na formação de parte dos seres vivos que se tornaram aeróbicos (formação de energia com presença do oxigênio). Isto leva a uma grande vantagem sobre os anaeróbicos, por formar moléculas de energia de baixo custo.

Como conseqüência de ter uma evolução anaeróbica-aeróbica, o organismo desenvolveu um sistema de defesa perante os possíveis efeitos nocivos do oxigênio para o organismo, pelo mecanismo de oxidação (que "enferruja" os tecidos). Este mecanismo é desencadeado por elementos denominados radicais livres (RL), ou agentes oxidantes, dos quais o organismo se defende pela formação dos denominados agentes anti-oxidantes.

Na evolução do homem ficou uma pequena fase anaeróbica, que entra em ação nos primeiros segundos das atividades, sendo rapidamente substituída pela fase aeróbica, que, como foi definido, é muito mais econômica na produção de abundante energia.

O conceito de RL já era conhecido desde 1950, quando Denham Harman, da Universidade de Nebraska, o tinha identificado e denominado radical livre. Esta denominação é conseqüência do fato de que o RL é uma molécula com um elétron ímpar na sua órbita externa (fig. 9).

Toda molécula para ser estável precisa de um número par de elétrons na sua órbita externa; no caso de perder sua paridade, procura rapidamente parear-se instabilizando outras moléculas ou determinando que a formação dos RL seja em cascata. Porém, quando dois RL se encontram, terminam se pareando (uma molécula ganha um elétron e outra perde um elétron), terminando dessa maneira a reação de formação dos RL.

Segundo o próprio Denham Harman, a primeira vez que os RL foram citados na literatura foi em 1898, mas só quando ele definiu os diferentes raciocínios bioquímicos relacionados com sua gênese e destruição é que se começou a falar em RL.

Não foi a partir de 1950 que o conceito de RL começou a ganhar adeptos: pelo contrário, foi esquecido até que em 1970, através da American Academy of Medical Preventics e suas apresentações, se determinou que existe uma íntima relação entre a gênese dos RL com as doenças degenerativas crônicas, e que seria possível controlar seus efeitos oxidativos através do uso de diferentes substâncias antioxidantes, além de que o próprio organismo possui um sistema enzimático capaz de defendê-lo, quando a produção de RL alcança níveis que possam alterar a estabilidade orgânica.

Na atualidade, o fenômeno de RL alcançou tanta popularidade que determinou múltiplos trabalhos universitários relacionando a sua gênese com diferentes processos degenerativos crônicos, e milhares de trabalhos são publicados anualmente, dando importante ênfase ao uso de antioxidantes para o controle dos diferentes processos patológicos. Chega-se ao extremo de as próprias indústrias farmacêuticas lançarem produtos farmacológicos, com propriedades antioxidantes, tanto para doenças circulatórias, reumáticas, como para o próprio processo do envelhecimento. Em resumo, o tempo nos deu razão.

O oxigênio, assim como é a fonte principal para manter a vida, pode ser o fator que desencadeia as degenerações e a própria morte do indivíduo, por ser o precursor principal na gênese dos RL. Isto acontece principalmente quando existem alterações nos níveis de oxigênio que circulam no sangue.

Os RL são moléculas químicas que alteram a estabilidade da membrana das células que podem destruí-la e como conseqüência deste fenômeno lesar até matar a própria célula, fato que está relacionado com os próprios processos degenerativos e inflamatórios, que são as características das doenças reumáticas.

Os RL são agentes que provocam degeneração articular porque:

1) Destroem a cartilagem (importante para desencadear os processos artrósicos).

2) Participam no debilitamento e destruição dos tendões e ligamentos, que dão sustentação às articulações.

3) Participam no enfraquecimento ósseo que pode determinar diferentes graus de osteoporose e, conseqüentemente, diferentes graus de fraturas patológicas podem acontecer.

4) Enfraquecimento muscular periarticular por comprometimento das fibras que compõem os mesmos, com atrofia secundária pela lei de uso e desuso.

A relação dos RL com os processos inflamatórios está definida pelos seguintes procedimentos:

1) Reação inflamatória local nas diferentes articulações comprometidas (dor, edema, calor, rubor e tumefação local), relacionada com a reação dos leucotrienos que analisaremos nas linhas abaixo.

2) Destruição tecidual secundária ao processo inflamatório que, pode condicionar secundariamente osteoporose e osteoartrose.

3) Comprometimento dos diferentes tecidos que formam as articulações, principalmente tendões, ligamentos e músculos.

Para entender melhor a resposta inflamatória dos RL, devemos conhecer os leucotrienos. Para isso faremos uma revisão superficial no metabolismo das prostaglandinas, e também citaremos a importância destes últimos elementos no funcionamento equilibrado do organismo.

O tratamento ortomolecular visa inibir a destruição dos tecidos articulares com o uso de agentes antioxidantes como o DMSO (Dimetilsulfóxido), estimular a regeneração dos tecidos utilizando derivados de proteoglicanos (mucopolissacarídeos), controlar a dor por enzimopressão (papaína, tripsina, hialuronidase), estimular a reconstrução dos músculos, tendões e ligamentos pelo uso de agentes irritantes para provocar um aumento na chegada de sangue, assim como determinar a proliferação de tecido.

Nos pacientes com processos degenerativos da coluna, como os diferentes graus de osteoartrose, associados ou não com hérnia de disco, são utilizados agentes como a colchicina, com o intuito de inibir o processo de invaginação discal e adiar, em caráter definitivo ou por longos períodos de tempo, uma provável discussão sobre tratamento cirúrgico.

Durante o processo inflamatório existe uma superprodução dos denominados leucotrienos, elaborados no metabolismo dos ácidos graxos poliinsaturados partindo do ácido araquidônico, e que serão inibidos quando se inibe a enzima cicloxigenase deste período metabólico. Isto explica parcialmente o mecanismo de ação dos antireumáticos, citados no capítulo anterior.

O leutrieno especial, denominado B4, é de alta importância pelo fato de liberar superóxido (que é um radical livre) dos neutrófilos (um tipo de glóbulo branco, que representa a primeira linha de defesa do organismo). O superóxido, desgraçadamente, não é seletivo e o excesso de produção pode determinar diferentes graus de lesão tecidual localizada, que acontece – definitivamente – em pacientes portadores de diferentes tipos de processos inflamatórios reumáticos.

Atualmente possuímos três tipos de métodos para determinar quantitativamente a presença dos RL dentro do organismo. Assim podemos relacioná-los aos processos degenerativos crônicos e medir a eficácia de um tratamento instaurado, principalmente quando se visa o controle oxidativo dos tecidos.

1) Espectrofotometria de absorção atômica.

Método caro e ainda não utilizado no país, apesar de haver condições técnicas para tanto.

2) Quimioluminescência.

Método já desenvolvido nos países do primeiro mundo. Foi parcialmente esquecido; porém, com o espírito renovador do Prof. Helion Povoa, foi novamente incorporado como método de diagnóstico quantitativo.

É um método de funcionamento simples, além de ser um modo barato de avaliar a produção dos RLs. Porém suas margens de normalidade são grandes, determinando uma limitação relativa nas suas avaliações, em forma generalizada.

Entretanto, pode ser utilizado como um método de acompanhamento terapêutico em pacientes portadores de diferentes patologias degenerativas crônicas.

3) Método HLB.

Desenvolvido pelo American Biologics Institute nos Estados Unidos. Consiste na exposição de uma gota de sangue ao oxigênio ambiental. Uma vez coagulado permite medir percentualmente, através do microscópio, as alterações observadas na matriz fundamental.

É denominada matriz fundamental aquela parte tecidual formada por elastina, colágeno, mucopolissacarídeos e ácido hialurônico, e as alterações condicionadas pela presença de diferentes enzimas que inibem um ou todos os componentes da matriz fundamental. Isto determina diferentes projeções visuais que se correlacionam com diferentes doenças.

Os autores preferiram chamar de "substâncias tóxico-oxigênio-reativas (ROTS), a formação dos RLs" no teste do HLB, e a sua especificidade é extremadamente importante.

Recente estudo enviado e aprovado para publicação no Townsend Letter for Doctors nos Estados Unidos revela que pacientes com doenças reumáticas possuem uma grande produção de RLs durante a evolução da doença, mas que a produção dos mesmos consegue ser controlada de forma bem-sucedida com o uso de antioxidante, conseguindo reduzir em mais de 50% a produção dos RLs, e quando os pacientes são controlados por um sistema de manutenção programada, mantêm praticamente inalterados os níveis dos RLs por períodos prolongados (18 meses de acompanhamento neste estudo).

O intuito primeiro deste estudo foi demonstrar os seguintes fatos importantes:

1) Existe uma relação direta entre as doenças reumáticas e a gênese dos RLs, e quanto pior o quadro evolutivo da doença, maior também é a produção dos RLs.

2) O uso de antioxidante, definitivamente, reduz a produção dos RLs e como conseqüência se obtém uma melhora dos sintomas nos pacientes portadores de doenças reumáticas, controlando estes sintomas por períodos prolongados, comparáveis aos obtidos com relação à produção dos RLs.

3) O antioxidante utilizado no caso é o DMSO (dimetilsulfóxido) injetado por via endovenosa através de soro como veículo, e como a sua história afirma, o DMSO parece ser um dos mais importantes e potentes antioxidantes conhecidos, além de ser praticamente inócuo ao organismo, quando administrado adequadamente.

O único problema que se encontra associado ao uso de DMSO por via endovenosa é o cheiro *sui generis*, que fica no paciente por várias horas após a aplicação. Entretanto, é praticamente isento de efeitos colaterais, como poderemos apreciar posteriormente.

4) O HLB demonstrou ser um teste importante na avaliação qualitativa e quantitativa dos RLs, e nos permite fazer um acompanhamento de longo prazo dos pacientes tratados com antioxidantes. Os resultados obtidos a partir deste estudo têm demonstrado que existe uma correlação entre a melhora clínica dos pacientes com a diminuição na produção dos RLs.

5) O HLB é um teste simples, feito na presença do paciente, que tem a oportunidade de discutir os aspectos técnicos inerentes ao teste e, assim, avaliar as mudanças alcançadas com tratamentos antioxidantes, observar as alterações teciduais com uma substancial diminuição dos RLs e verificar a config.ção tecidual, cada vez mais próxima do normal.

Entendendo a participação dos RLs dentro dos processos degenerativos crônicos, será muito mais fácil poder entender o tratamento ortomolecular, programado para os pacientes portadores de doenças reumáticas.

É HORA DE CONHECER O DMSO (DIMETILSULFÓXIDO), UM GRANDE ANTIOXIDANTE NO CONTROLE DE DOENÇAS DEGENERATIVAS E INFLAMATÓRIAS DE ORIGEM REUMÁTICA.

O dimetilsulfóxido (DMSO) é um solvente com poderosas características antioxidantes (inibe a produção dos RLs, e, conseqüentemente, os processos oxidativos que acontecem dentro do organismo). Foi identificado em na Rússia e atualmente é industrializado através de mecanismos químicos obtidos através da madeira, podendo ser utilizado por aplicação local, em aplicações endovenosas, por aplicação local em gotas, seja nos olhos, ouvidos etc., e por via oral.

Tem-se determinado uma infinidade de indicações terapêuticas, porém a única que a FDA (Food and Drug Administration – entidade oficial norte-americana) indica é a cistite intersticial, doença muito rara do aparelho geniturinário. Porém, a experiência tem demonstrado que sua indicação pode ser estendida para outras patologias como:

1) Doenças vasculares:

a) Insuficiência venosa (varizes, úlceras varicosas etc.).

b) Úlceras arteriais.

c) Doenças cardíacas diferenciadas.

d) Problemas vasculares cerebrais.

2) Doenças reumáticas:
   a) Artrite reumatóide.
   b) Osteoartrose.
   c) Tendinite, bursite, mialgias inespecíficas.
   d) Espondilite anquilosante (como analgésico).
   e) Esclerodermia.
   f) Compressão radicular nos processos de hérnia de disco.
3) Alterações no desenvolvimento neurológico de crianças:
   a) Retardo mental.
   b) Síndrome de Down.
4) Outras alterações:
   a) Doenças da retina.
   b) Tinnitus subjetivo (barulho no ouvido).
   c) Insuficiência respiratória broncopulmonar crônica.
   d) Esterilidade por obstrução das trompas de Falópio.
   e) Bronquiolite.
   f) Alterações dermatológicas.
   g) Diferentes tipos de alterações dermatológicas.

Evidentemente que o aspecto mais importante a ser considerado é a íntima relação que existe entre o DMSO e as doenças reumáticas em seus diferentes tipos de apresentação, assim como sua importância no controle evolutivo da maior parte deste tipo de patologia.

Como foi explicado anteriormente, o DMSO é de extrema importância para inibir a produção dos RLs que aumentam a velocidade de degeneração dos diferentes tecidos, em particular da cartilagem que diminui os espaços interarticulares, determinando uma aproximação das superfícies articulares, produzindo deformidade da articulação associada a dor e limitação dos movimentos da junta comprometida.

Em outras circunstâncias, existe um processo oxidativo associado aos processos inflamatórios medianos, como vimos anteriormente pelos leucotrienos e com participação de um tipo de glóbulo branco denominado neutrófilo, que vai condicionar as características do processo inflamatório: calor, rubor, edema, dor e limitação dos movimentos da articulação comprometida. Quando este processo inflamatório progride, determina a destruição dos diferentes tecidos, condicionando os graus de deformidade articular, conseqüente aos processos reumáticos que se encaixam nesta modalidade evolutiva.

O DMSO é provavelmente o antioxidante inibidor de RL mais potente que se conhece. Ele tem a capacidade de inibir inclusive os RLs, pois o organismo não possui um sistema intrínseco para inibir os RLs; denominados radicais hidróxilos. Estes últimos, sem dúvida, são os mais nocivos para o organismo, o qual precisa do auxílio externo de antioxidantes.

A utilidade terapêutica do DMSO estaria definida não somente por sua capacidade antiinflamatória, mas também por sua capacidade analgésica. Porém, o fato mais importante associado ao uso do DMSO é a possibilidade de controlar o processo evolutivo das doenças por inibir os fatores oxidativos, que se encarregam de degenerar e destruir os tecidos que compõem as diferentes articulações. Esta última propriedade é que determina a importância do dimetilsulfóxido no tratamento de doenças reumáticas.

Já explicamos que realizamos diferentes estudos na avaliação da produção dos RLs e sua relação com diferentes processos patológicos degenerativos crônicos. Evidentemente, entre eles estão as doenças reumáticas. E temos verificado que os pacientes portadores de diferentes patologias reumáticas, tratados tradicionalmente, ou sem tratamento, possuem níveis muito altos de RL. Com a introdução de agentes antioxidantes como o DMSO, conseguimos na avaliação quantitativa, uma redução dos RLs em torno de 60%, assim como uma melhora importante nos sinais e sintomas do paciente reumático. Porém o aspecto mais importante não é só mudar os resultados laboratoriais ou as características clínicas, mas é sobretudo conseguir que estas modificações permaneçam por tempos prolongados, beneficiando a qualidade de vida do paciente. Nossos estudos confirmam que aplicações mensais de DMSO na fase do tratamento de manutenção, a longo prazo (acima de 18 meses), conseguem manter inibida a gênese dos RLs, como a melhora obtida na fase inicial do tratamento, com a introdução dos antioxidantes.

Se este fato é de vital importância, maior será ainda o conceito de recuperação social de muitos pacientes limitados pelas doenças reumáticas, com respostas clínicas às vezes acima do esperado. A maior parte das técnicas tradicionais tem falhado e o paciente, junto com sua família, precisa ouvir: " Não tem mais nada para fazer, o importante é dar carinho e conforto na sua invalidez", sem que se explique ao paciente que às vezes existem algumas outras oportunidades, não necessariamente exploradas pela medicina clássica, principalmente quando não se tem um grande laboratório para apoio. O DMSO é uma droga sem patente e sem interesse dos laboratórios em investir milhões de dólares em estudos. É considerada como uma droga útil em certas patologias urinárias de difícil diagnóstico e raras vezes vistas em medicina.

Adiante, descreveremos diferentes trabalhos realizados antes dos nossos e que têm como objetivo determinar a eficácia e segurança do uso do DMSO em doenças reumáticas, e a ausência de efeitos colaterais que possam inibir seu uso, diferentemente dos anti-reumáticos clássicos, ·associados a diversos graus de efeitos colaterais, que em algumas situações obriga não só à suspensão do medicamento, mas pode pôr em perigo a vida do paciente.

É importante destacar que o DMSO é um solvente que tem a capacidade de atravessar a pele, sozinho ou transportando outros tipos de medicamento. Provavelmente é o único produto químico-farmacológico que possui esta propriedade, a qual pode ser avaliada por um mecanismo muito fácil. Aplicando DMSO em qualquer articulação com o intuito de aliviar uma dor ou um processo inflamatório, conseguiremos em primeiro lugar um alívio imediato dos sintomas referidos, e em segundos, sentiremos o gosto de alho, típico da droga, o que indica que o DMSO foi absorvido pela pele, dirigido ao sistema circulatório, chegando até o sentido gustativo, localizado na língua.

A propriedade de absorção local determina que o produto não é só importante para o controle de doenças, por via endovenosa, mas que também pode ser utilizado por via local, como pomada, no controle de processos inflamatórios ou como veículo, para facilitar a introdução no interior do organismo de outros medicamentos com diferentes indicações terapêuticas.

A característica de poder atravessar a barreira da pele pode, por sua vez, representar o único problema, principalmente quando aplicado em superfícies contaminadas ou utilizando um DMSO que não seja puro, ou associado a um medicamento que, eventualmente, seja tóxico. Assim, quando se vai considerar o DMSO para aplicação local ou associado a outros remédios deve-se avaliar estas características próprias para não se infligir efeitos colaterais ao DMSO, quando na realidade se trata de uma manipulação inadequada de uma droga intrinsecamente segura.

O DMSO é eliminado do organismo no máximo em 48 horas, sendo suas principais vias de excreção: a renal, que também é a mais demorada; a pulmonar e por perspiração. Praticamente não existe eliminação por fezes ou através do leite materno. Apenas foi encontrada 2% da substância restante dentro do organismo.

O cheiro *sui generis* do DMSO (para alguns recendendo a alho, para outros a milho doce), desaparece entre 3 a 7 horas após a aplicação endovenosa, e entre 30 minutos a 1 hora, quando aplicado localmente. Porém, às vezes por causas ainda não identificadas, pode persistir por até 15 horas.

A despeito do desconforto social representado pelo cheiro, é uma droga praticamente inócua, como veremos ao tratar da sua toxicidade.

Um aspecto importante a destacar no uso do DMSO é que, quando controla o processo patológico, permite eliminar a maior parte dos remédios com fortes efeitos colaterais, gerando uma melhora na qualidade de vida e, em outros casos, a reincorporação a uma vida social, dentro dos parâmetros possíveis da normalidade.

O DMSO foi originalmente sintetizado na Rússia, em 1866, por um químico chamado Alexander Saytzeff, porém só em 1963 um pesquisador químico chamado Robert Herschler e um cirurgião da Universidade de Oregon, Stanley Jacob, começaram a relatar sua experiência clínica com o DMSO, principalmente no alívio da dor, no combate à infecção e no controle dos processos inflamatórios.

Em 1950 a Crown Zellerbach Corporation, uma das maiores empresas do mundo no processamento de papéis, contratou um jovem pesquisador químico, Robert Herschler, para determinar a importância comercial (se tivesse) de um dos subprodutos que restavam da industrialização do papel, que era o dimetilsulfóxido. Herschler, associado a Stanley Jacob, determinou as seguintes propriedades inerentes ao dimetilsulfóxido:

1) O DMSO é um produto químico que atravessa as membranas celulares, sem alterar ou lesar, em forma permanente ou irreversível, estas estruturas. Comparável a este feito do DMSO temos a amônia, gasolina e a nafta que também atravessam a membrana celular, porém produzem efeitos colaterais irreversíveis.

A capacidade do DMSO de atravessar as barreiras das membranas celulares deve-se a sua ligação com a água, determinando a presença de ligações com hidrogênio, daí permitindo cumprir esta função, que é muito importante, não só permitir o uso do DMSO como substância farmacológica, mas por ser um meio de transporte de outros medicamentos para o interior do corpo humano.

As concentrações acima de 50% atravessam mais facilmente as barreiras celulares. As concentrações menores não criam suficiente pressão osmótica para atravessar. Entretanto, concentrações tão fracas como 15% são suficientes para atravessar as paredes da bexiga.

Seu uso por via endovenosa delimita concentrações muito menores, pelo simples fato de que o DMSO encontra-se ao nível plasmático, onde começa a cumprir suas funções terapêuticas.

2) O DMSO é um agente para eliminar a dor, seja por via tópica, ou por via endovenosa. Neste caso, a via endovenosa, deve-se ter muita experiência, para definir a dose necessária no intuito de obter o efeito terapêutico, já que a solução será muito diluída dentro do próprio veículo, encarregado de transportar o DMSO ao interior do corpo.

Segundo Herschler e Jacob, não está definitivamente elucidado o mecanismo pelo qual o DMSO controla a dor, porém acredita-se que seja a conseqüência de uma diminuição da condução dos estímulos nervosos do cérebro até os lugares onde a dor está acontecendo. Estudos feitos em animais confirmam que os efeitos moderados sobre os estímulos nervosos são de caráter transitório.

Em estudos realizados na Universidade de Emory, em Atlanta, pelos farmacologistas Hagler e Spring, em 1980, demonstraram que o DMSO alivia a dor com tanta qualidade quanto os derivados da morfina, sem apresentar os problemas da dependência desta última.

3) O DMSO, como agente antibacteriano, tem características exclusivamente moderadas, porém sua ação antibacteriana mais importante consiste em reduzir a resistência da bactéria, que se apresenta como insensível a certas drogas de antibióticos.

Baseado neste conceito, Jacob sugere: "Ao invés de gastar milhões de dólares para desenvolver novos antibióticos, a fim de obter material para aumentar a sensibilidade bacteriana, deveríamos trabalhar com aquilo que a gente tem, usando o DMSO como sensibilizador junto com os antibióticos, o qual já demonstrou ser uma técnica segura e eficaz, conforme estabelecido pelos cientistas russos".

4) O DMSO, como agente antiinflamatório, age através de vários mecanismos:

   a) Redução na produção de radicais livres (RLs) na região atingida.

   b) Por estabilização da membrana celular, permitindo à membrana diminuir ou parar a drenagem de material das células lesadas.

   c) Inibe a disseminação de fibroblastos.

Apesar de o DMSO não ser tão potente quanto a cortisona, está associado a quase nenhum efeito colateral, fato que é extremamente freqüente quando do uso da cortisona.

5) O DMSO como um agente para abrandar o colágeno, que é uma proteína encontrada na maior parte dos tecidos do organismo, em especial no tecido conectivo, como por exemplo nos tendões. Mas, ao mesmo tempo, esta proteína é responsável por uma série de doenças denominadas colagenopatias, entre as quais podemos citar: artrite, lúpus eritematoso, endurecimento das artérias, doença reumática etc., onde o acúmulo de colágeno interfere no funcionamento normal dos tecidos.

Estudos recentes têm demonstrado que o DMSO pode remover níveis anormais de colágeno, que poderiam corroborar a idéia de que o DMSO abranda o colágeno, trazendo uma melhora sintomática nos pacientes onde as colagenopatias interferem no funcionamento normal dos tecidos.

6) O DMSO como diurético tem um efeito leve para moderado, quando utilizado em forma tópica, porém é importante, quando utilizado por via endovenosa. Este efeito de rápida diurese é importante quando é necessário liberar o corpo do excesso de líquidos, como nos casos de diferentes tipos de lesões na coluna ou ao nível cerebral.

Este fato foi apresentado em um simpósio sobre DMSO em Viena, em 1966, por Formaaneck e Suckert, demonstrando que o DMSO pode aumentar a diurese em 10 vezes em relação aos valores normais, realizando esta propriedade por dois mecanismos:

  a) Exercendo um efeito osmótico nas células renais que produzem a urina;
  b) Por alterar o fluxo dos fluidos, através das membranas de filtração renal.

7) O DMSO como inibidor da colinesterase, cuja função principal é regular a liberação de acetilcolina dentro do organismo, é importante em diferentes atividades no sistema nervoso.

O efeito potencial do DMSO, aumentando os níveis de acetilcolina, poderia justificar a melhora encontrada nos movimentos musculares dos pacientes quadriplégicos tratados com DMSO, assim como a melhora observada em crianças com retardo mental.

8) O DMSO como vasodilatador permite uma melhor irrigação do sangue, oferecendo nutrientes e oxigênio para os diferentes tecidos.

Aparentemente o efeito vasodilatador se deve a uma inibição da histamina, e isto justificaria a rápida melhora observada em pacientes com diferentes graus de luxações, assim como em pacientes com lesões na medula e no sistema nervoso central.

9) O DMSO, como vimos anteriormente, é muito importante como veículo para transportar outras drogas ao interior do corpo humano. E foi

demonstrado que o DMSO realiza esta atividade em forma seletiva. Assim, por exemplo, a insulina não consegue ser introduzida dentro do organismo quando associada com DMSO, e concentrações de 90% de DMSO parecem ser um melhor meio de transporte, em relação ao uso de DMSO em concentrações de 100%.

Ao mesmo tempo que permite, seletivamente, uma maior ou menor penetrabilidade da droga, determina uma maior ou menor ação terapêutica da droga que está sendo carregada para os tecidos. Por exemplo, quando o DMSO transporta a digoxina, ele aumenta o efeito terapêutico desta última.

10) O DMSO parece controlar os mecanismos que desencadeiam as doenças auto-imunes, como a artrite, a miastenia gravis, câncer e o envelhecimento. Isto acontece porque o organismo está formado por um sistema de defesa; quando o mesmo começa a desconhecer seus próprios tecidos, dizemos que está acontecendo uma auto-agressão, desencadeando as denominadas doenças auto-imunes.

A maior parte dos estudos realizados nesse aspecto, parecem mostrar que o DMSO consegue neutralizar, parcial ou totalmente, a ação destes auto-anticorpos que produzem os sintomas similares, relacionados a cada uma das doenças.

11) Como relaxante muscular, o DMSO influi na característica do tecido muscular, que em condições de normalidade tem duas funções: contrair-se ou relaxar-se, porém em certas circunstâncias perde esta última capacidade determinando uma situação denominada espasmo muscular.

Em 1966 no Simpósio de DMSO em Viena, Birkmayer demonstrou que a aplicação de DMSO tópico, em um músculo contraído, consegue produzir um relaxamento muscular no período de uma hora, medido por eletromiografia.

O efeito de relaxamento muscular do DMSO não parece estar relacionado a efeitos sobre o sistema nervoso central. A explicação mais aceita é que o DMSO modifica a permeabilidade celular, eliminando os músculos metabólicos não necessários, que estejam associados ao trabalho muscular da contração.

Em forma resumida, apresentamos os possíveis mecanismos de ação do DMSO, nas múltiplas patologias onde ele poderia ser indicado, principalmente relacionado com doenças reumáticas.

A evidência fica por conta de que o DMSO tem propriedades terapêuticas que justificam amplamente seu uso, no caso nas doenças reumáticas, podendo ser explorados seus efeitos terapêuticos em outras possibilidades patológicas.

No nosso caso em particular, na maior parte das vezes, utilizamos o DMSO por via endovenosa e raramente, por via tópica (somente em casos de problemas patológicos localizados, que possam evitar o uso de DMSO endovenoso), que demonstrou ser um método eficaz e seguro no seu uso. Empregamos o DMSO a 99% diluído em soro fisiológico ou glicosado, introduzindo-o durante duas horas no interior do organismo. Durante a fase de ataque, é realizado este tratamento duas vezes por semana, passando a uma vez por semana ou a cada 15 dias na fase de manutenção, decisão que depende principalmente da evolução terapêutica obtida no paciente tratado.

Temos observado uma resposta muito mais rápida em pacientes com osteoartrose. Entretanto, a resposta é muito lenta em pacientes com artrite reumatóide, principalmente se o paciente tem-se utilizado de imunorreguladores, especialmente da cortisona.

Nos pacientes com artrite reumatóide, às vezes leva em torno de um ano até a reincorporação total do indivíduo dentro da sociedade.

O fato mais importante é que o paciente tem que interligar-se com o projeto do médico, entendendo que este não está visando exclusivamente a eliminação da dor, mas principalmente o controle evolutivo da doença. Como veremos no capítulo de conclusões, a paciência da união médico-paciente é extremamente importante para se obter o efeito terapêutico, principalmente em pacientes que se utilizavam durante muitos anos da cortisona para contornar a dor secundária a esses processos patológicos.

Efeitos colaterais e complicações secundárias ao uso de DMSO

O trabalho publicado no *Annals of the New York Academy of Sciences*, intitulado "The human toxicology of dimethyl sulfoxide" por Richard D. Brobyn, do Brainbridge Medical Center em Washington, descreve com intensidade os estudos realizados para determinar o grau de toxicidade do DMSO em humanos, sendo que as conclusões alcançadas foram as seguintes:

"O estudo extensivo do tipo toxicológico com DMSO foi realizado com doses 3 a 30 vezes superiores às doses usuais utilizadas nos humanos, por períodos superiores a 3 meses.

O DMSO parece ser muito seguro para sua administração em seres humanos, e as alterações em particular, que ocorrem no cristalino em algumas espécies animais, não acontecem nos humanos com altas doses, por períodos prolongados".

O autor insiste na grande satisfação que tem de apresentar estes resultados, para desmistificar de vez a possibilidade de efeitos tóxicos do DMSO em humanos, destacando que, após milhares de pacientes tratados entre 1964 e 1965, podemos afirmar sem nenhuma dúvida que o DMSO é um produto farmacológico seguro, faltando definir a sua eficácia em várias patologias.

A maior parte dos efeitos colaterais observados com DMSO está relacionada a seu uso tópico, podendo determinar irritação na pele, ocasionalmente associada a náuseas e vômitos. Entretanto, a nossa experiência em particular, com mais de 2.0o0 pacientes tratados com DMSO por via endovenosa, nos leva a afirmar a ausência de efeitos colaterais, exceto o odor de alho ou milho doce que permanece no paciente de 4 a 12 horas, com a atenuante de que o paciente não sente o cheiro característico, embora percebido pelos próximos, via perspiração e pelo hálito.

Os únicos casos de alergia encontrados estavam relacionados ao fato de se associar ao soro, junto com DMSO, o complexo B, cuja eliminação da solução eliminou este efeito colateral. Fato pouco freqüente, porém observado.

Em menos de 1% dos pacientes se observa uma discreta anorexia (falta de apetite); não conseguimos explicar se há correlação com o uso do DMSO ou se é uma conseqüência da própria doença.

Perguntas e respostas relacionadas ao uso de DMSO.

1) *O que é o DMSO?*

O dimetilsulfóxido é a abreviação de DMSO, que tem sido utilizado, desde os idos de 1950, como solvente em muitas indústrias, e a partir de 1960 como um agente terapêutico para o tratamento de diferentes doenças.

2) *Como podemos saber que estamos usando um DMSO puro?*

Não existe uma forma definitiva para qualificar a pureza do DMSO, porém quanto maior a concentração de água, maior será a dificuldade do DMSO para congelar-se.

Para isso, um dos melhores mecanismos para definir se estamos usando um DMSO 99% puro consiste em colocá-lo em sua própria embalagem no refrigerador, e observar se, pelo processo de esfriamento, formam-se cristais em tempo muito curto.

A formação de cristais de DMSO e o posterior descongelamento não alteram as propriedades terapêuticas do DMSO.

3) *Existem diferenças entre as concentrações de DMSO?*

Por via tópica, as melhores concentrações variam de 70-90%, porém tais concentrações podem ser muito irritativas para a pele. Para melhorar sua administração tópica é conveniente utilizar em gel à solução de 50%, associado a antiinflamatórios ou analgésicos.

Por via endovenosa usamos DMSO 99% com diluição em 250 ml de soro com administração de 2 horas. Esta grande diluição conserva as quantidades suficientes para se obter o efeito desejado.

4) *Qual é a melhor via de administração do DMSO?*

Isto depende da experiência do médico que vai recomendar o DMSO para o tratamento. Nos casos que estamos lidando, de processos reumáticos, em nossa opinião não existe melhor via de administração que a endovenosa, pela sua segurança e isenção de efeitos colaterais. Nas circunstâncias onde temos comprometimentos bem localizados, como uma bursite de ombro, ou uma tendinite traumática poderá ser utilizado em pomada-gel com aplicação local.

5) *Como eliminar o DMSO impregnado nas mãos, após aplicação local?*

Com uma simples lavagem das mãos, retira-se todo o excesso de DMSO impregnado após uma aplicação local.

6) *É importante cientificar o médico do uso de DMSO?*

Evidentemente que sim, porque poderá aumentar ou diminuir o efeito terapêutico de outras drogas que possam ser administradas em paralelo.

Também é importante para definir os elementos químicos que serão utilizados para aplicação local em outros tipos de patologia.

7) *Quanto e com que freqüência uma pessoa pode utilizar DMSO?*

Em se tratando de aplicação local, pode ser utilizado diariamente e várias vezes ao dia. Contudo, quando aplicado por via endovenosa é recomendável utilizá-lo somente de 2 a 3 vezes por semana, preferencialmente em dias intercalados para um melhor aproveitamento terapêutico do DMSO injetado.

As doses a serem utilizadas dependem basicamente da experiência do médico, sendo importante ressaltar que o DMSO deve ser sempre utilizado sob cuidados e prescrição médica.

8) *Quais são os maiores efeitos colaterais do DMSO?*

Os mais conhecidos são:

a) Reação inflamatória no local da aplicação, determinando certa vermelhidão e irritação do local de aplicação, embora somente encontrado nos casos de aplicação tópica do DMSO.

b) Halitose com odor a alho ou milho doce, que só será percebido pelas pessoas próximas ao paciente.

c) Perspiração com as mesmas características de odor, que não desaparecem com o banho, uso de perfumes ou trocando de roupa, medidas que só temporariamente aliviam o cheiro, assim como mastigar chiclete ou ambientador bucal podem mascarar o hálito.

A causa do cheiro *sui generis* do DMSO se deve à produção de um metabolito intermediário que é o dimetil sulfide, que tem originalmente cheiro de éter, mas que aumenta a intensidade dos outros odores, bons ou ruins.

Está em fase final o desenvolvimento de um DMSO praticamente sem cheiro algum, que provavelmente será uma forma de eliminar a única causa de desconforto ao uso do DMSO.

Em resumo, podemos afirmar que o DMSO é uma droga segura e eficaz contra as doenças reumáticas, sendo sua manipulação extremamente simples. Isto nos permite abrir um leque de horizontes novos, para os pacientes portadores de patologias que acometem o aparelho locomotor.

USO DA ENZIMOPRESSÃO NO TRATAMENTO DAS DOENÇAS REUMÁTICAS

A enzimopressão é um tratamento complementar ao DMSO no controle dos processos reumáticos. Indicado principalmente para controlar a dor e os processos fibróticos nos processos articulares sistêmicos, assim como em patologias localizadas como as tendinites, bursites, sinovites etc.

Consiste na aplicação de injeção subcutânea de enzimas, mantendo uma distribuição similar aos pontos cardeais, utilizando-se agulhas de insulina.

A composição mais recomendada contém:

a) Papaína.

b) Hialuronidase.

c) Tripsina.

d) UTP.

e) Cloridrato de novocaína.

f) Sulfato de magnésio.

Em recentes estudos, comprovamos que só o uso de cloridrato de novocaína pode ter um resultado praticamente similar ao uso da mistura das soluções, sendo mais barato e facilmente encontrado.

A idéia de enzimopressão nasceu junto com a mesoterapia, porém o princípio determinante do seu efeito terapêutico é completamente diferente.

Para poder compreender o mecanismo terapêutico da enzimopressão, teremos que recordar sumariamente alguns dos mecanismos que determinam a irradiação da dor, relacionada a outros estímulos neurológicos, como o da pressão.

A dor é transmitida por fibras neurológicas desmielinizadas (a mielina é uma bainha que recobre o nervo e permite controlar os impulsos que o percorrem), o que favorece que o estímulo desloque-se muito mais lentamente, por segundo. Entretanto o estímulo da pressão corre muito mais rápido em direção a seus receptores cerebrais, por ser transportado através de fibras mielinizadas. Assim, quando um estímulo de pressão acontece simultaneamente a um estímulo de dor, os receptores cerebrais vão receber primeiro o estímulo da pressão, que mantido constantemente abolirá o estímulo da dor, que chega posteriormente.

Em termos práticos, se temos um joelho que está doendo e nele provocamos um estímulo de pressão, por exemplo, com uma injeção subcutânea, e mantemos este estímulo em forma constante, conseguiremos abolir a dor do joelho por um mecanismo de adaptação, aceitando o fato de que o joelho em questão está constantemente sob pressão.

Isto realmente acontece, porque a velocidade de transmissão dos estímulos é de 10 a 100 vezes mais rápida para o estímulo da pressão em relação ao estímulo da dor.

O uso constante da enzimopressão em diferentes articulações comprometidas permite obter os seguintes resultados:

1) Controle da dor, a qual diminui de intensidade, permanecendo uma sensação de pressão na articulação em questão.
2) Existe uma proliferação de fibroblastos, que endurecem os ligamentos, músculos e tendões que compõem as juntas, limitando seus movimentos, às vezes, ao extremo de impedir a atividade.
3) Nos casos da síndrome do túnel do carpo e do túnel do tarso, pode-se evitar, num bom número

de casos, uma eventual intervenção cirúrgica, com o tratamento local de enzimopressão, eliminando o processo fibroso que está pressionando os nervos reguladores do movimento dos dedos, das mãos e dos pés.

4) Nas neuralgias intercostais (dores entre as costelas), seja de origem herpética, que é a mais freqüente ou pós-traumática, a enzimopressão consegue controlar com eficácia os sintomas dos pacientes, melhorando ainda mais os resultados quando estão associados ao uso do DMSO tópico, associados ou não a antiinflamatórios ou analgésicos dentro do gel de DMSO.

A mesoterapia ou enzimopressão utiliza, para realizar a técnica de aplicação, seringas de 5 cc, e agulhas de insulinação. Serão realizadas múltiplas injeções, por via subcutânea nas articulações comprometidas, normalmente acompanhando, em número e freqüência, as aplicações com soroterapia utilizando DMSO.

Como explicamos anteriormente, utilizamos uma fórmula com múltiplos componentes químicos ou utilizamos uma composição básica de procaína, que tem a vantagem de ter um efeito anestésico, além de que o efeito terapêutico durará em relação direta à diluição da procaína.

Em 1905 foi descoberta a molécula de procaína por Einhorn, que foi considerada como essencialmente anestésica, até os trabalhos de Leriche, em 1925.

Einhorn demonstrou através dos seus estudos, no Colégio da França, que a ação anestésica de superfície era medíocre, mas que a procaína age bloqueando o simpático (que é uma unidade neurovegetativa do tecido conjuntivo) e também por uma ação vasodilatadora, melhorando a difusão das misturas medicamentosas às quais for acrescentada.

Praticamente utilizamos a enzimopressão em todas as patologias reumáticas com predominância de dor, e eliminamos seu uso uma vez controlado o ciclo evolutivo da dor, ou quando o paciente tem um retorno à sua atividade diária, com dores mínimas que não limitam as atividades.

A enzimopressão está praticamente isenta de efeitos colaterais, porém ocasionalmente poderemos encontrar hematomas ou irritação no local da aplicação, principalmente em pacientes alérgicos à procaína ou quaisquer dos componentes enzimáticos utilizados. Este fenômeno, em nossa experiência, é praticamente nulo, e aplicando a técnica com precisão e rapidez diminuímos a dor do tratamento, assim como a dor da doença.

Posteriormente, daremos ênfase a outras utilidades da procaína no tratamento das dores reumáticas, no seu uso por via intra-articular nos pacientes portadores de processos degenerativos crônicos, como de artrose.

USO DOS MUCOPOLISSACARÍDEOS NO TRATAMENTO DAS DOENÇAS REUMÁTICAS

Os mucopolissacarídeos formam parte da engrenagem mais importante da cartilagem, que, como sabemos, é a parte das articulações que visam dar suporte, agindo como amortecedores durante os movimentos.

Nos pacientes com artrose, uma das perdas mais significativas acontece ao nível da cartilagem, que como conseqüência diminui o espaço que separa as duas facetas articulares. Aparece na radiografia como uma aproximação das superfícies articulares dos ossos. Nestas situações existe um contato íntimo dos ossos, que desencadeia os processos dolorosos.

Evidentemente, quando o desgaste da cartilagem alcança níveis irreversíveis, qualquer terapêutica a ser utilizada será infrutífera, porém nos estágios primeiros do processo evolutivo da doença muitas medidas terapêuticas poderão ser aplicadas para anular a degeneração, tentando preservar as estruturas anatômicas, funcionando no melhor de seu equilíbrio.

Quando existe um desgaste na sua fase inicial, fazemos o uso dos mucopolissacarídeos que formam parte da substância fundamental da cartilagem, junto com o ácido hialurônico, elastina e colágeno.

Os mucopolissacarídeos estão formados por dois constituintes básicos denominados:

1) Dermatan Sulfato.
2) Condroiten Sulfato.

Os mucopolissacarídeos podem ser utilizados em conjunto, em partes proporcionais de cada um dos seus componentes, ou pode ser utilizado cada um dos seus ingredientes em separado.

Quando indicado o uso dos mucopolissacarídeos, estes são injetados por via intramuscular, coincidindo com os mesmos dias da soroterapia com DMSO.

O uso intramuscular dos mucopolissacarídeos é isento de efeitos colaterais e suas doses podem ser dobradas ou triplicadas, pois são perfeitamente assimiladas e toleradas pelo organismo.

É importante destacar que a maior parte dos processos inflamatórios reumáticos terminam evoluindo para um processo degenerativo como conseqüência final. Isto determina que na maior parte das doenças reumáticas pode ser indicado o uso simultâneo dos mucopolissacarídeos com o intuito de preservar a cartilagem e conseqüentemente a integridade dos componentes que formam a articulação, preservando o fisiologismo do seu funcionamento.

Na maior parte dos pacientes o uso dos mucopolissacarídeos se faz concomitantemente ao uso da procaína por via intramuscular, injetada simultaneamente, misturando-se todos os componentes na mesma seringa. Temos observado que, com o uso da procaína, tem-se uma evolução mais rápida em termos de resposta da dor, por parte dos pacientes reumáticos.

Entretanto, comparando-se o uso da procaína independente da tríplice aproximação terapêutica ortomolecular aqui citada, a procaína é praticamente inócua agindo sozinha, permitindo porém potencializar o efeito dos mucopolissacarídeos e da enzimopressão, diminuindo o trabalho antioxidante do DMSO, em questão.

A capacidade regenerativa da procaína é muitas vezes citada nos trabalhos realizados por Ana Aslan e seus colaboradores, exercendo esta função regenerativa sobre as lesões tróficas osteoarticulares, definindo que a substância funciona simultaneamente como anestésico e com propriedades vasodilatadoras, o que vem a fortalecer a regeneração da cartilagem articular.

Baseados neste princípio científico, desenvolvido pela Dra. Ana Aslan, temos utilizado, com muita freqüência, procaína por via intra-articular, principalmente em pacientes com processo degenerativo altamente avançado e naqueles que precisam desta terapia coadjuvante.

O uso da procaína por via intramuscular é isento de efeitos colaterais, exceto em um pequeno grupo de pacientes com alguma reação alérgica ou em casos que apresentam um *flash* de calor no rosto, durante alguns minutos após a aplicação de procaína, intramuscular ou intra-articular.

O uso da procaína, como foi citado anteriormente, realizado por via intramuscular poderá ser utilizado junto com os mucopolissacarídeos nos mesmos dias da soroterapia com DMSO, e por via intra-articular poderá ser utilizado de 1 a 3 vezes por semana, dependendo da intensidade da dor e do processo degenerativo em tratamento.

Até o presente, temos analisado o tratamento triconjugado utilizando conceitos de várias partes do mundo integrados por nossa equipe, no controle das doenças reumáticas.

As explicações apresentadas foram menos técnicas e mais elucidativas, para assim deixar mais nítido o poder terapêutico de um tratamento amplamente utilizado no nosso meio, com excelentes resultados na grande maioria dos pacientes.

Na medida em que situações mais complexas começam a fazer parte do dia-a-dia na prática médica, somos obrigados ao aprimoramento e introdução de outras técnicas no controle dos processos inflamatórios e degenerativos, condicionados pelas doenças reumáticas.

Como conseqüência destas interrogações, foram introduzidas várias outras modalidades, engrenadas dentro do tratamento ortomolecular das doenças reumáticas, entre as quais podemos citar:

a) Terapias reconstrutivas (proloterapia).
b) Terapias por colchicina, para pacientes com patologia de compressão na coluna.
c) Terapia ortomolecular oral, em pacientes com patologia reumática na fase inicial, que não precisam de um profundo tratamento de recondicionamento órgão-tissular.
d) Terapia de controle evolutivo da osteoporose, como uma forma de inibir os processos degenerativos crônicos secundários, assim como das fraturas patológicas.

Estas técnicas serão analisadas a partir do próximo capítulo, com o intuito de demonstrar que existem outras formas auxiliares de tratamento para controlar o processo evolutivo das doenças reumáticas.

Em outras palavras, enquanto a medicina tradicional visa controlar os sintomas do paciente, esquecendo que a doença continua seu ritmo normal de destruição tissular, o conceito de medicina ortomolecular vem para desenhar novos caminhos, para controlar o processo evolutivo das doenças inflamatórias e degenerativas crônicas, que formam o arcabouço da reumatologia.

Sem dúvida que o conceito dos radicais livres (RLs) encaixa-se plenamente dentro de todo o tratamento ortomolecular, sugerido para os pacientes com patologias reumáticas, e podemos ter observado, pelo exposto nas páginas anteriores, que temos o desejo de controlar a produção dos RLs e, como conseqüência, inibir a evolução das doenças inflamatórias e degenerativas reumáticas.

Faz-se importante frisar que todas as técnicas ilustradas não têm ou não estão associadas a efeitos colaterais mínimos, que na pior das circunstâncias não obrigam o paciente a suspender o tratamento, o que acontece com extrema freqüência nos pacientes tratados com os medicamentos denominados anti-reumáticos ou com imunorreguladores, aí incluída a cortisona.

Quando se limitam os efeitos colaterais de um tratamento estamos prolongando a vida útil do tratamento, assim como dos efeitos benéficos que o mesmo vai outorgar ao paciente. Este é o intuito do tratamento ortomolecular para as doenças reumáticas, baseado no princípio de muito benefício, nenhum prejuízo, com um mínimo ou nenhum efeito colateral associado.

PROLOTERAPIA OU TERAPIA DE RECONSTRUÇÃO

A proloterapia ou terapia de reconstrução articular foi idealizada por Hackett, nos idos de 1950, para posteriormente ser fortemente reintroduzida nos Estados Unidos através da Rheumatoid Foundation, idealizada principalmente por Faber, que reproduziu a técnica através de seus próprios livros.

O conceito de proloterapia consiste na reconstrução dos tecidos que dão sustentação a uma articulação, entre os quais constam os tendões, ligamentos e estruturas musculares.

Baseada neste conceito, a proloterapia tenta manter a integridade da articulação, segurando com firmeza as estruturas anatômicas encarregadas de dar sustentação às juntas.

Como temos revisado anteriormente, uma junta, além de estar formada pelas superfícies articulares dos ossos, tendo a cartilagem separando e agindo como amortecedor entre os ossos, possui a sinovia, que lubrifica as articulações, e finalmente possui um sistema de sustentação formado pelos tendões, ligamentos e pelas próprias estruturas musculares.

Quando uma articulação é comprometida por processos degenerativos ou inflamatórios, ou apresenta patologias secundárias a traumatismos, vem associada a destruição parcial ou total das fibras que formam os tendões, ligamentos, ou pode haver uma perda da sustentação articular e, como conseqüência, da própria estabilidade da junta comprometida.

Tomaremos como exemplo uma coluna, como podemos ver na fig. 1o, onde encontramos uma articulação íntegra da coluna em completa estabilidade. Supondo que o paciente portador desta coluna decidiu levantar um peso acima de suas possibilidades, teremos assim uma destruição das estruturas de sustentação das articulações, que podem vir acompanhadas por escorregamentos das próprias vértebras, com posteriores pinçamentos ou hérnias de disco, como podemos ver na fig. 11.

A forma tradicional de recuperar este tipo de comprometimento articular é o repouso prolongado em posição antiálgica (posição anatômica que impede o desenvolvimento da dor), uso de calor local e antiinflamatórios para controlar a dor.

Com este tipo de aproximação terapêutica deveremos esperar uma melhora em períodos prolongados de tempo.

Entretanto, a proloterapia visa recuperar rapidamente as estruturas que dão sustentação às articulações, permitindo uma reintegração articular perfeita e recomposição anatômica, como podemos ver na fig. 12.

Se tomarmos como exemplo um joelho, que juntamente com a coluna são as articulações normalmente mais atingidas por traumas ou por doenças degenerativas crônicas como a osteoartrose, poderemos ver que o joelho tem ligamentos laterais internos e externos, além dos ligamentos cruzados anteriores e posteriores que junto com os tendões dos músculos da coxa e da perna fazem a sustentação anatômica das articulações que possuem maior movimento e sustentação para o corpo humano, como podemos observar na fig. 13.

Este mesmo joelho, após um trauma qualquer ou um processo degenerativo, onde apresenta desgaste da cartilagem, determina uma sobreposição do côndilo do fêmur sobre a meseta tibial ipsilateral, como podemos ver na fig. 14, acompanhado por laxido ou destruição das fibras que formam os ligamentos comprometidos, aumentando o arco de curvatura do joelho comprometido (fig. 15).

Fig. 10 – Estrutura anatômica com tecidos destruídos por patologia reumática.

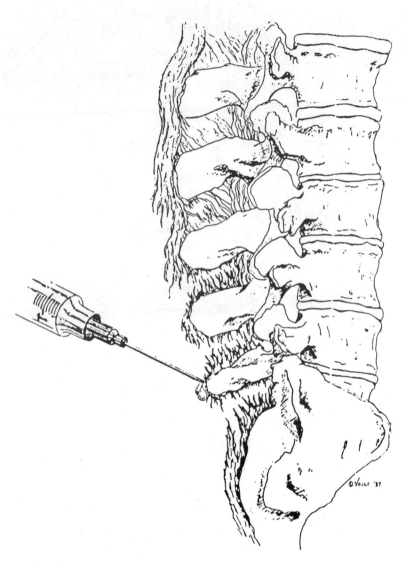

Fig. 11 – Técnica da Proloterapia.

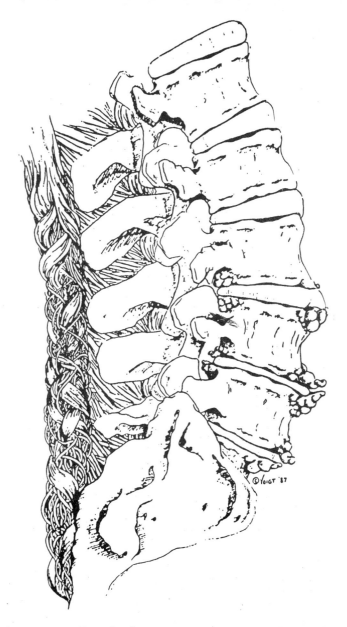

Fig. 12 – Resultados.

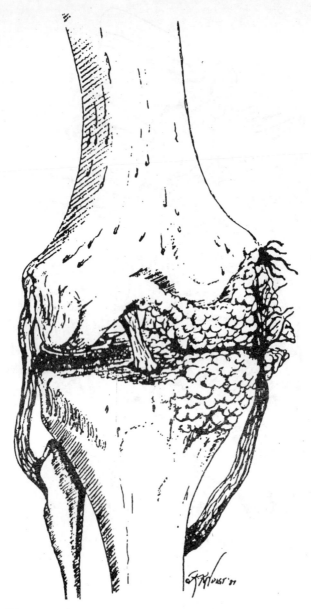

Fig. 13 – Estrutura anatômica com tecidos destruídos por patologia reumática.

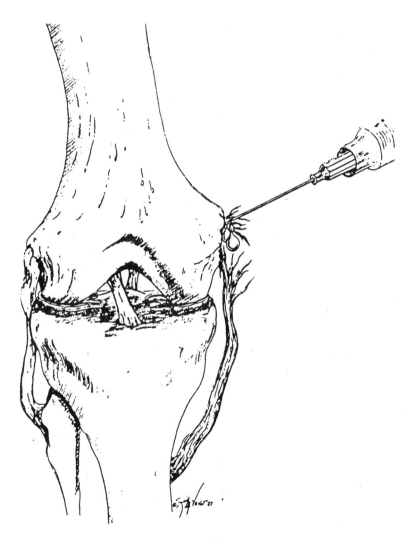

Fig. 14 – Técnica da Proloterapia.

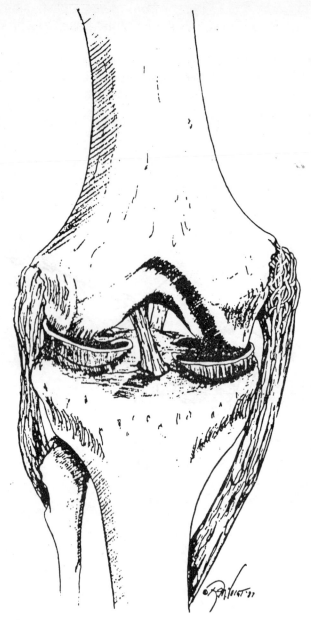

Fig. 15 – Resultados.

Quando fazemos uso da proloterapia ou terapia de reconstrução criamos uma situação que favorece a produção de fibroblastos nos tecidos comprometidos, aumentando a base de sustentação dos ligamentos e tendões destruídos. Inicialmente vão dar firmeza à articulação e acelerar a recuperação com condições anatômicas muito superiores ao simples uso de anti-reumáticos e repouso prolongado.

Como é possível explicar o sucesso terapêutico da proloterapia?

Para compreender como funciona a proloterapia é preciso primeiro recordar que os pontos de intersecção dos tendões e ligamentos ao nível dos ossos representam estruturas teciduais praticamente avasculares (não possuem suficiente ou não tem nenhuma circulação). É nesse ponto onde entra a proloterapia, que, fazendo uso de substâncias irritantes, injetadas no ponto de inserção das estruturas anatômicas, favorece um estado de irritação local, que por sua vez reage como um processo inflamatório, determinando um aumento da circulação sanguínea para os tecidos (tendões e ligamentos) e com um aumento da produção dos fibroblastos para a regeneração tecidual e para aumentar a base de sustentação articular.

Para entender melhor, condicionamos uma inflamação local, que vai chamar mais sangue, oxigênio e nutrientes para os tecidos destruídos, o que por sua vez vai determinar uma proliferação tecidual que vai aumentar a sustentação articular.

O produto mais utilizado nos Estados Unidos no tratamento por proloterapia é o moruato de sódio. Porém, este produto não é comercializado no país, o que impede seu uso em larga escala. Entretanto, em vários trabalhos publicados, inclusive com modificações na técnica de Hackett, a substância irritativa utilizada no Brasil contém os seguintes componentes:

a) Glicerol.

b) Fenol.

c) Dextrose.

Com esta solução é obtido um líquido muito espesso, devido ao uso do glicerol. Por nossa experiência e de cientistas americanos, funciona comparavelmente igual ao morhuato de sódio, tendo ainda a vantagem de não possuir os efeitos colaterais freqüentes, que podem ser encontrados com o moruato de sódio, quando a técnica não é realizada apropriadamente.

Como é feito o tratamento da proloterapia?

Uma vez definida a articulação a ser reconstruída, apalpamos a região, que anatomicamente representa o ponto de inserção dos tendões e ligamentos, que será o ponto-chave para a introdução da solução reconstrutiva.

Na técnica podemos utilizar de 2 a 5 cc da solução reconstrutiva, em seringas de 5 cc e agulhas 30 x 7. Após assepsia da região a ser tratada é introduzida a agulha em forma perpendicular, até tocar suavemente a estrutura óssea. Nesse momento é retirada, em torno de um milímetro, a agulha, e nesse local é injetada a substância irritante.

Durante a aplicação da substância reconstrutiva, o paciente praticamente não tem dor alguma, porém, em torno de 3 a 4 horas após a aplicação o paciente poderá apresentar uma dor intensa no local da aplicação. Isto é devido à resposta inflamatória de um tecido agredido, determinado pela vasodilatação local, com aumento do fluxo de sangue para a região. Por esta razão, o paciente se obriga a utilizar gelo, por longos períodos, no dia da aplicação.

A dor no local aumenta de intensidade por um período que pode variar de 6 a 12 horas, e depende dos seguintes fatores:

a) A articulação injetada.

b) A concentração da solução.

c) A quantidade da solução.

A dor no local, como já foi explicado, pode ser facilmente controlada com o uso de gelo no local, ou pelo uso de analgésico por via oral. A dor diminui de intensidade após as primeiras 12 horas, até desaparecer por completo, cerca de 48 horas após a administração da substância.

A proloterapia é realizada na freqüência que pode variar de 1 vez por semana a 1 vez por mês, dependendo da articulação a ser tratada, assim como da tolerabilidade por parte do paciente.

Em nossa experiência as articulações que melhor respondem ao tratamento, pela ordem, são:

a) Coxofemoral.

b) Ombro (escápulo-humeral).

c) Coluna (cervico-torácica e lombo-sacral).

d) Joelho.

e) Cotovelo (tendinite de tenista).

f) Temporomandibular.

Esta ordem, além de representar as articulações que melhor respondem, também representa a ordem decrescente de intensidade de dor nas juntas comprometidas. Outrossim, a durabilidade e intensidade da dor é significativamente menor na articulação coxofemoral, quando comparada com a articulação temporomandibular, e este fenômeno deve-se provavelmente às seguintes razões:

1) As articulações que se apresentam com menor dor, após a reconstrução, possuem maior massa muscular no local.

2) Requerem injeções mais profundas.

3) Fazem uso de concentrações maiores da solução reconstrutiva.

Que efeitos colaterais se associam ao uso da proloterapia?

Pela literatura, a maior parte dos efeitos colaterais se associam ao uso de morhuato de sódio, principalmente por tratar-se de uma solução esclerosante que, como conseqüência, pode causar necrose do tecido, quando não for administrada apropriadamente, intensificando em proporções extremas as reações negativas dos tecidos.

Entretanto, com o uso da solução que contém o fenol, glicerol e dextrose, a presença de efeitos colaterais, excetuando-se a citada dor no local pelo processo inflamatório secundário à irritação, é praticamente nula, por tratar-se de uma solução fisiológica e de concentração para produzir irritação e não necrose, ainda que injetada fora das disposições anatômicas anteriormente descritas.

A literatura médica faz referências a lesões, por vezes irreversíveis, com o uso de morhuato de sódio ou de outras soluções com propriedades esclerosantes, porém a nossa solução é compatível com a utilizada nas universidades americanas, dedicadas ao seu estudo, e comparável àquelas utilizadas por Hacket, criador da proloterapia. Este fenômeno de lesões não existe no caso da solução por nós empregada, e nem foi descrito na literatura, o que demonstra a margem de segurança que acompanha esta nossa solução utilizada na proloterapia.

Várias centenas de pacientes já foram tratados com proloterapia no Brasil, com a margem de segurança citada e, principalmente, com o mesmo êxito alcançado pelos especialistas estrangeiros.

A proloterapia não é um tratamento que possa ser utilizado indiscriminadamente para todo tipo de patologia reumática, devendo seu uso ser limitado para quando for necessário aumentar a base de sustentação das articulações comprometidas por processos degenerativos, primários ou secundários aos processos inflamatórios ou por traumas de esporte, de trabalho ou automobilísticos.

Apesar de ser descrito que a fórmula utilizada no Brasil é praticamente isenta de efeitos colaterais, não deve ser liberada para uso indiscriminado em qualquer forma de tratamento. Faz-se necessário ter um profundo conhecimento anatômico das articulações a serem tratadas, assim como da quantidade da solução a ser utilizada, principalmente para que o grau de irritação seja proporcional às necessidades de produção de fibroblastos, assim se obtendo uma sustentação adequada, já que o excesso de fibroblastos pode condicionar um aumento da dureza dos tendões e ligamentos. Neste caso, ao invés de se aumentar a base de sustentação, pode-se determinar uma limitação secundária aos movimentos.

A proloterapia, quando bem indicada e empregada, sem dúvida produz um substancial benefício aos problemas reumáticos dos pacientes tratados com esta modalidade terapêutica. Prevalece a necessidade de tomar-se o cuidado de indicá-la somente quando necessárias, combinada com o tratamento triconjugado ortomolecular, para assegurar e ampliar os níveis de sucesso terapêutico.

COLCHICINA COMO OPÇÃO DE TRATAMENTO PARA DOENÇAS DE COLUNA

Principalmente de Hérnia de Disco

A colchicina é uma droga muito conhecida no mercado farmacológico, com indicação para pacientes com crise de gota aguda. A gota é uma doença que compromete as articulações por depósitos de cristais de ácido úrico. Nos últimos 15 anos têm-se incrementado suas indicações terapêuticas, principalmente em pacientes portadores de patologia reumática da coluna, associada à hérnia de disco.

Muitas outras indicações terapêuticas têm recebido do tratamento com colchicina uma excelente resposta por parte dos pacientes, entre as quais podemos citar:

a) Cirrose hepática, onde o uso de colchicina tem colaborado na regeneração das células hepáticas.

b) Esclerose múltipla, detalhada em trabalhos do Dr. Weinreb do Serviço de Neurologia dos Veteranos da Universidade de Nova Iorque, com o intuito de facilitar a recuperação de mielina, considerando que a esclerose múltipla é uma doença desmielinizante, destruindo a mielina, que é a capa protetora dos nervos periféricos.

A colchicina é sintetizada de uma planta denominada *Colchicum autumnale*. Foi isolada em 1820 por Pelletier e Caventou como colchicina alcalóide.

As indicações clássicas da colchicina incluem, entre outras:

1) Crise de gota aguda.

2) Controle da dor em pacientes com espondilite anquilosante.

3) Presença de osteófitos gigantes (bicos de papagaio) que condicionam dor, com compressão de radículas nervosas.

4) Compressão radicular por pinçamento vertebral.

5) Hérnia de disco.

Pela sua importância, dedicaremos a maior parte de nossos estudos à elucidação de uma patologia tão limitante como é a hérnia de disco, quando submetida ao tratamento com colchicina.

R.M., paciente de 42 anos, sexo feminino, portadora de compressão lombar com extrema limitação ao movimento, foi atendida na primeira oportunidade em uma cadeira de rodas, tal o grau de limitação imposta pela doença. A paciente foi submetida ao tratamento triconjugado com DMSO, mucopolissacarídeos, enzimopressão, e colchicina por via endovenosa. Após as três primeiras semanas de tratamento, a paciente apresentou uma recuperação de 50%, conseguindo, com muita dificuldade locomover-se. Nesta etapa foi incorporada a fisioterapia ativa e passiva, para acelerar a recuperação física da paciente. Após mais quatro semanas de tratamento, a paciente apresentou uma recuperação completa do quadro clínico, sendo reincorporada completamente às suas atividades na sociedade.

H.H., paciente do sexo masculino, 42 anos de idade, portador de três hérnias de disco na coluna lombar, e uma escoliose (desvio lateral da coluna) antálgica, foi submetido a tratamento intensivo com anti-reumáticos, cortisona injetável, fisioterapia manipulativa e de aparelhos, sendo sugerida uma cirurgia urgente.

O paciente negava-se à operação e, por recomendação nossa, eliminou a cortisona atual e futura do tratamento, e iniciou tratamento com DMSO, enzimopressão, fisioterapia e colchicina. Após 3-4 semanas reduziu a posição antálgica em mais de 50%, com redução da dor nos mesmos percentuais. Na oitava semana de tratamento, encontramos o paciente com recuperação da escoliose em mais de 85%, e praticamente com eliminação total da dor. Este tipo de paciente recebe a recomendação de manter o tratamento quinzenalmente, pelo menos durante os próximos 12 meses.

Os exemplos apresentados servem para ilustrar o processo evolutivo das doenças no tratamento recomendado, e principalmente de alerta, para evitar fanatismos de uma rápida recuperação. A maior parte das doenças reumáticas são conseqüência de longos períodos de incubação e sofrimento, e requerem tratamentos planificados para se conseguir um controle da doença, assim como a recuperação social do paciente.

Voltando à colchicina, calcula-se que nos Estados Unidos pelo menos 50.000 pacientes foram tratados com esta metodologia nos últimos cinco anos, e todos portadores de hérnia de disco, operada ou não.

A hérnia de disco é uma doença que causa extrema dor nos pacientes, associada a limitações, ocasionalmente intensas, nos movimentos.

Entre duas vértebras existe um disco cartilaginoso, denominado disco intervertebral. Quando, por qualquer mecanismo, existe uma redução do espaço intervertebral, ocorre um afastamento do disco, o qual escorrega, seja para frente ou para trás, determinando uma compressão da radícula nervosa, que é o mecanismo que condiciona a dor.

Segundo Michael Rask, do Sahara Rancho Medical Center, após tratar mais de 6.000 pacientes, dos quais mais de 1.500 com cirurgia de coluna prévia, por hérnia de disco, e um dos autores do estudo duplo-cego, realizado com colchicina para hérnia de disco, com aprovação da FDA: "A colchicina é uma droga segura e maravilhosa, assim como o agente antiinflamatório mais potente.

Por isso, antes de se pensar em intervir cirurgicamente em um processo de hérnia de disco, deve-se utilizar a colchicina por via endovenosa e/ou oral, evitando-se ser operado com todos os riscos que a cirurgia contém".

Segundo o próprio Rask, o mecanismo de ação da colchicina em pacientes com hérnia de disco seria o seguinte:

1) Desinflama o terminal nervoso comprometido pela compressão discal, secundária ao processo herniário.

2) Desinflama o disco intervertebral, responsável pela compressão radicular.

3) Inibe a quimiotaxia dos glóbulos brancos, responsáveis pela produção de radicais livres, os quais vão acelerar o processo de desmielinização dos terminais nervosos, comprometidos pela compressão.

4) Elimina do organismo depósitos de elementos cristalinos que se associam a dor, como os seguintes:

a) Ácido úrico.

b) Pirofosfato de cálcio.

5) Aumenta a produção de endorfinas pelos neurônios, fato que contribui para o controle da dor.

6) Combate os elementos atípicos que compõem a denominada síndrome do disco.

7) Encolhe o disco, permitindo que o mesmo retorne a sua configuração normal.

8) Inibe os depósitos de tecido amilóide, o que acontece nos processos de herniação discal, assim como foi demonstrado também que a colchicina inibe os depósitos amilóides em pacientes com artrite reumatóide e febre do Mediterrâneo.

Como utilizamos a colchicina no tratamento da hérnia de disco?

É empregada a colchicina exclusivamente por via endovenosa, aproveitando-se na maior parte dos pacientes a borracha do soro, utilizado no tratamento antioxidante com DMSO, baseando-se no princípio de que devemos utilizar mais de 4 miligramas por semana.

Nosso protocolo depende da gravidade do caso a ser tratado, porém, como regra, utilizamos a colchicina 2 vezes por semana, coincidindo com os dias da soroterapia com DMSO. Em casos mais graves poderemos fazer aplicações diárias ou em dias alternados, durante as primeiras 2 a 3 semanas, para posteriormente voltarmos ao protocolo normal.

A fase de ataque do tratamento dura em média 5 semanas, passando-se à manutenção, que poderá durar de 5 semanas até 1 ano, dependendo da severidade da doença.

A escola americana sugere o uso simultâneo de colchicina por via oral, porém na nossa experiência temos considerado desnecessário o uso simultâneo de colchicina por via oral e endovenosa, utilizando-nos desta associação somente quando existe um componente gotoso simultâneo a uma hérnia de disco.

Todos os pacientes utilizam, simultaneamente, DMSO por soro, enzimopressão e, em alguns casos, podemos usar em conjunto os mucopolissacarídeos associados a procaína, e a reconstrução, quando a situação assim o exigir.

Medidas profiláticas são sempre necessárias para um final feliz no tratamento dos pacientes com hérnia de disco, e incluem:

1) Perda de peso aos níveis ideais para a respectiva altura, reduzindo-se assim a carga sobre a coluna.
2) Fisioterapia passiva e ativa, assim como correção postural; quando necessário, incorporamos a

aparelhoterapia na recomposição da estrutura articular do paciente.

A evolução normal do paciente apresenta-se geralmente, da seguinte forma:

1) As parestesias (adormecimento dos membros) são uma das últimas ocorrências.
2) Os reflexos tendinosos profundos são os primeiros a reaparecer, em questão de semanas.
3) A fraqueza muscular tem de ser trabalhada para se obter uma recuperação normal.
4) O controle da dor acontece em períodos que variam de 2 a 8 semanas, porém a redução da mesma acontece gradualmente até sumir completamente.

Efeitos colaterais associados ao uso da colchicina

O que pode ocorrer com alguma freqüência, principalmente se usada por mãos inexperientes, é uma flebite no local da aplicação, se tiver extravasado a colchicina injetada na veia.

Em nossa experiência, esta situação não acontece porque a colchicina é injetada pela borracha do soro que contém o DMSO, reduzindo-se as possibilidades de flebite a praticamente zero. Mas, quando é aplicada diretamente na veia, deve-se usar um *butterfly* (borboleta), para se conferir a permeabilidade da veia, o que deve ser realizado regularmente, durante a administração do medicamento.

Quando as doses utilizadas não passam de 4 miligramas por semana, a possibilidade de outros efeitos colaterais é praticamente inexistente. Porém a literatura, em geral, descreve algumas circunstâncias nas quais é até desfavorável o uso de colchicina, a saber:

1) Em pacientes com número baixo de glóbulos brancos, principalmente em associação a doenças do colágeno como o lúpus eritematoso, que

se acompanha de leucopenia (número baixo de glóbulos brancos). Com o uso repetido de colchicina, poderemos encontrar um aumento expressivo do número de glóbulos brancos no paciente.

2) A vantagem dos efeitos colaterais da colchicina é que o paciente termina sabendo quando está tomando demasiadamente colchicina, já que as doses muito altas vão desencadear diarréias, o que por si só é um aviso para diminuição das doses. Em nossas experiências, a aplicação endovenosa, em nosso protocolo, não apresentou, até a presente data, um caso sequer de diarréia, como conseqüência do tratamento.

3) Quando a colchicina extravasa a veia utilizada para a injeção endovenosa, determina uma flebite no local da aplicação, devendo evitar-se o uso desta veia nos próximos 15 dias, após o que deverão desaparecer os sintomas da flebite local. Este período pode ser abreviado com o uso simultâneo de gelo no local.

A colchicina, sem dúvida, é uma excelente opção para os pacientes portadores de patologias reumáticas e de coluna, principalmente aquelas associadas a hérnia de disco, com ou sem cirurgia anterior.

O mais importante, como com qualquer outro tipo de terapêutica, é saber quando indicá-la e como utilizá-la para favorecer clinicamente ao paciente, inibindo, se possível, todos os efeitos colaterais que possam estar associados ao seu uso.

Apesar de ser um tratamento relativamente novo para o Brasil, já é realizado em milhares de pacientes, em outros lugares do mundo, com excelentes resultados, como foi comprovado no estudo duplo-cego, realizado com aprovação da FDA.

É importante destacar que o tratamento requer muita paciência por parte do paciente, assim como do médico, pelas seguintes e compreensíveis razões:

1) É um tratamento não invasivo que requer um certo período de tempo para mostrar seus resultados positivos.
2) A tolerância do paciente e o acatamento das recomendações médicas aumentam as possibilidades do sucesso do tratamento.
3) A impaciência, ou a expectativa de resultados imediatos, pode levar o paciente a tomar certas atitudes que podem atrapalhar o adequado curso do tratamento com colchicina, tais como:
a) uso de corticóides para obter um alívio imediato, de curto período de duração.
b) exigir do médico uma resposta rápida, que em mãos inexperientes pode determinar um aumento da dose de colchicina, o que gera alguns efeitos colaterais.
4) Aceitar o fato do trabalho conjunto do trio formado por: médico-paciente-fisioterapeuta, assim como dar continuidade ao trabalho quando estiver fora da clínica, para não tomar atitudes que possam atrapalhar o curso do tratamento.

Quando a inter-relação do paciente com o médico é constante e de mútua confiança, a margem de sucesso de qualquer procedimento terapêutico é sensivelmente maior, pois na condição de desconfiança é recomendável não começar tratamento algum, porque o benefício poderá ser nulo, pois o paciente poderá fazer modificações por conta própria ou induzido por familiares ou outros médicos.

A terapia endovenosa com colchicina é bem-sucedida em pacientes portadores de patologia reumática de coluna, principalmente quando associada à hérnia de disco. Seu uso dentro de um ajustado protocolo pode ser aval do seu sucesso.

A terapia endovenosa com colchicina é segura, fácil de manipular e praticamente isenta de efeitos colaterais quando apropriadamente utilizada. Requer um treinamento prévio por parte do médico para possibilitar modificações e ajustes no tratamento, conforme a necessidade de cada paciente.

Achamos que a justificativa da incorporação da terapia endovenosa de colchicina é mais que aceitável, para incluí-la como opção terapêutica em pacientes portadores de hérnia de disco. Nossa experiência com mais de 250 casos tratados de hérnia de disco associada ou não a outras doenças é altamente satisfatória, mostrando resultados de recuperação total em mais de 90% dos casos.

TERAPIA ORTOMOLECULAR POR VIA ORAL PARA DOENÇAS REUMÁTICAS

O conceito de medicina ortomolecular é conseqüência de múltiplas observações e estudos realizados pelo Dr. Linus Pauling, duplamente laureado com o Prêmio Nobel, baseado no conceito de que o organismo está formado por milhões de moléculas, as quais, quando estão em equilíbrio são sinônimo de saúde, porém, quando estão em desequilíbrio na sua forma e grau, desencadeiam as doenças.

A terapia ortomolecular começou a desenvolver-se em 1960, adquirindo força e consistência em 1975, tornando-se mundialmente aceita a partir de 1980, quando o conceito de radicais livres gerou uma grande mudança nos conceitos de medicina.

A terapia ortomolecular tem um amplo leque de indicações e aborda quase todo o conceito de medicina, porém é nosso intuito indicá-la para os pacientes portadores de patologia reumática.

O DMSO, que já foi discutido com suficiente amplitude, é um ingrediente importante dentro da medicina ortomolecular, por suas propriedades antioxidantes. O desenvolvimento do tratamento triconjugado foi conseqüência do princípio ortomolecular da participação dos radicais livres nos processos reumáticos, porém este tipo de aproximação terapêutica está ligado aos casos que requeiram tratamentos intensivos, e onde a doença limita a capacidade do paciente.

A terapia ortomolecular por via oral, apesar de ser amplamente utilizada nos pacientes com processos reumáticos, é indicada nas seguintes oportunidades prováveis:

1) Pacientes portadores de patologia reumática de nível leve e de histórico de curta data, que não apresentem alterações deformantes das extremidades comprometidas.

2) Como coadjuvante, por suas propriedades antioxidantes, no tratamento triconjugado, já descrito nas páginas anteriores.

3) Nos pacientes que fazem uso de anti-reumáticos orais ou injetáveis, para diminuir os efeitos colaterais associados a estas drogas.

4) Para inibir ou diminuir a potencialidade dos efeitos colaterais em pacientes que fazem uso de corticóides.

5) Em pacientes com alterações imunológicas secundárias ao uso de imunorreguladores ou como conseqüência da doença reumática predominante.

6) Como antioxidantes, ou coadjuvantes de antioxidantes, com o intuito de preservar os tecidos lesados, principalmente os tecidos que não foram atingidos pelas doenças reumáticas.

7) Como tratamento antioxidante em pacientes portadores de outras patologias associadas a doenças reumáticas, onde a importância da presença dos RLs seja importante, como uma forma de controlar simultaneamente as doenças concomitantes.

8) Em pacientes com alterações do equilíbrio vitamino-oligoelementos, descrito em exames de cabelo, que possam determinar ou interferir no processo evolutivo da doença reumática, ou de outras doenças associadas.

PRINCIPAIS VITAMINAS UTILIZADAS NO CONTROLE DE DOENÇAS REUMÁTICAS

Todas as possíveis doses, aqui indicadas, representam uma sugestão e não devem ser utilizadas como prescrição médica. No caso em que você possa ser beneficiado por algum dos componentes aqui citados, seu médico deve ser consultado antes de qualquer automedicação.

1) *Vitamina E:*

Considerada um dos mais potentes antioxidantes conhecidos, é uma vitamina lipossolúvel, que se recomenda tomar com precaução já que pode ter efeito acumulativo, em especial no fígado.

Quando associada ao selênio, seu efeito antioxidante se potencializa, permitindo reduzir a formação dos antioxidantes presentes nos tecidos do paciente.

As doses recomendadas variam de 100 a 1000 miligramas de vitamina E por dia. As variantes vão depender da gravidade da doença, assim como da produção dos radicais livres no paciente a ser tratado. Em avaliações realizadas com o teste de HLB, conseguimos determinar que existe uma diminuição, no tratamento constante de vitamina E, em torno 15-20% dos RLs sintetizados pelo organismo.

2) *Vitamina C:*

Provavelmente uma das vitaminas com maior poder antioxidante. Por ser uma vitamina hidrossolúvel (não se acumula dentro do organismo), pode ser prescrita em doses altas, que podem variar de 65 miligramas (dose da RDA que seria suficiente para evitar o escorbuto) até 20 gramas por dia, que permitem controlar uma série de processos imunológicos, assim como a produção dos RLs (pelo teste de HLB, o uso de 2 gramas diárias de vitamina C reduz em 20% a produção de RLs).

Linus Pauling, um dos precursores do uso da vitamina C em altas doses, é um produto de sua própria receita, utilizando na atualidade mais de 167 gramas de vitamina C por dia, trabalhando como um garoto no seu laboratório em Palos Alto, Califórnia e tendo mais de 90 anos de idade.

A vantagem do uso de altas doses de vitamina C se explica no fato de ser hidrossolúvel, sendo eliminada, na sua totalidade, em 24 horas.

O homem não sintetiza sua própria vitamina C, a qual deve ser ingerida de fontes exógenas, também gerado pelo motivo de ser um elemento necessário para desenvolver um grande número de processos metabólicos, dentro do organismo.

3) *Vitaminas do complexo B:*

As vitaminas mais importantes, que formam o complexo B, no controle dos processos reumáticos, são as seguintes:

a) cloridrato de tiamina = B1

b) cloridrato de piridoxina = B6

c) cianocobalamina = B12

d) ácido nicotínico = B5

e) ácido pantotênico.

Os efeitos do complexo B sobre os processos reumáticos podem ser resumidos nos seguintes fatores:

a) Participa como intermediário em diferentes processos metabólicos, favorecendo a produção da energia necessária para o funcionamento harmônico do organismo.

b) Tem efeito antiesclerótico (impedindo o depósito de gorduras nas paredes das artérias), permitindo um fluxo de sangue adequado no intuito de manter o funcionamento dos tecidos orgânicos.

c) É fator fundamental na preservação dos glóbulos vermelhos, assim como da capa de mieliona que protege os terminais nervosos.

d) Tem efeito vasodilatador, além de conseguir reduzir os lipídios (gorduras circulantes), novamente como fator que permite preservar a integridade dos tecidos.

e) Permite uma melhor distribuição do cálcio, dentro dos ossos, assim como o metabolismo deste mineral dentro do organismo, para favorecer o funcionamento contrátil da musculatura.

f) Participam em conjunto, como coadjuvantes dos antioxidantes para inibir a formação dos radicais livres.

As doses ortomoleculares variam de:

a) B1= 10-100 miligramas/dia.

b) B6= 30-600 miligramas/dia.

c) B12= 100-1000 microgramas.

d) Ácido nicotínico= 100 miligramas - 2 gramas/dia.

e) Ácido pantotênico= em média 150 miligramas/dia.

Uma das características das vitaminas do complexo B é que as mesmas são hidrossolúveis, não se acumulam dentro do organismo e podem ser utilizadas em doses altas, praticamente isentas de efeitos colaterais, ou em pequenas escalas, como conseqüência de processos alérgicos.

4) *Vitamina D:*

Importante para favorecer o metabolismo do cálcio. Seu efeito será discutido no capítulo seguinte, que trata da osteoporose.

PRINCIPAIS SAIS MINERAIS COMO ANTIOXIDANTES NA TERAPIA ORTOMOLECULAR

1) *Cálcio:*

É de extrema importância, pela sua relação com o processo osteoporótico, que será discutido posteriormente.

Um dos seus efeitos mais importantes está relacionado com os seguintes fatores:

a) Os níveis elevados do cálcio podem determinar um aumento da vasoconstrição, assim como de contraturas musculares, porque ele está relacionado diretamente com a actina e miosina, que dependem do cálcio para poder manter seus efeitos contráteis.

b) Segundo alguns autores, o uso do cálcio pode determinar um melhor controle da pressão arterial.

As doses de cálcio podem variar de 500-1500 miligramas por dia, sendo esta última dosagem recomendada para pacientes portadores ou candidatos a processos de osteoporose.

2) *Selênio:*

É um excelente antioxidante, quando administrado junto com a vitamina E, que é a forma como é prescrito na atualidade.

Acredita-se que em regiões onde os níveis de selênio no solo sejam muito baixos, a incidência de câncer e doenças cardiovasculares seja muito maior, comparada com regiões de níveis mais altos ou normais.

As doses usuais variam de 30-100 microgramas por dia. No Brasil só existe a forma de selenito sódico, o qual só deve ser utilizado nas doses de 30 microgramas/dia.

3) **Zinco:**

É um dos elementos mais importantes dentro do grupo de sais minerais, considerado essencial no tratamento dos pacientes portadores de doenças reumáticas, especialmente a artrite reumatóide.

Alguns autores justificam o uso do zinco no tratamento da artrite reumatóide porque inibe o ionte cobre que estaria intimamente associado com esta doença. Isto pode ser encontrado nos pacientes portadores da doença de Wilson, onde existe a deficiência de ceruloplasmina, que regula os níveis de cobre plasmático.

O cobre plasmático em níveis elevados pode chegar a níveis tóxicos, e uma das formas de inibir os níveis tóxicos do cobre é utilizar zinco por via oral.

O zinco poderá ser usado em doses que variam de 25-150 miligramas/ dia, porém deverá ser utilizado associadamente ao cobre, em uma relação de 10:1, para manter o equilíbrio do meio interno do organismo.

A escola francesa é muito mais radical e sugere o uso de uma combinação que contém pequenas quantidades, em miligramas, de uma fórmula com:

a) zinco.

b) agluconato de cobre.

c) ouro.

d) prata coloidal.

Indicado no tratamento de processos inflamatórios reumáticos.

4) **Magnésio:**

Sua importância reside no fato de estar relacionado com o metabolismo do cálcio, razão pela qual deve ser administrado concomitantemente ao cálcio para manter o equilíbrio do meio interno.

O magnésio é importante no controle de arritmias cardíacas (batimentos cardíacos irregulares), assim como na dilatação dos vasos sanguíneos.

As doses ideais para seu uso variam de 50-200 miligramas/dia.

5) *Manganês:*

É um importante antioxidante e deve ser utilizado com freqüência, nos pacientes com processos reumáticos, para agir como coadjuvante na inibição da produção dos radicais livres.

As doses recomendadas variam de 2-5 miligramas/dia.

PRINCIPAIS ANTIOXIDANTES NO CONTROLE DE DOENÇAS REUMÁTICAS

1) *SOD (superoxidodismutase)*, que tem pequena absorção quando utilizado por via oral, gerando inibição através do ácido clorídrico produzido no estômago, porém com excelente efeito quando utilizado por via injetável.

O SOD é um importante inibidor dos radicais livres do oxigênio, principalmente do superóxido (que é o primeiro radical formado pelo metabolismo do oxigênio), existindo normalmente dentro do organismo. Alguns trabalhos estão sugerindo a necessidade da administração exógena de SOD, para ajudar o organismo a desfazer-se dos RL's presentes e nocivos à integridade dos tecidos.

Não estão definidas ainda as doses ideais a serem utilizadas do SOD, a fim de obter-se o melhor efeito antioxidante.

2) *Ácidos graxos ÔMEGA 3*

Obtidos principalmente dos peixes de água salgada. Tentou-se melhorar a fórmula, utilizando-se sardinha e posteriormente tubarão; existem ainda alguns ácidos graxos extraídos de vegetais, como o Evening Primrose Oil.

O mais utilizado em nosso meio são os ácidos graxos Ômega 3, extraídos da sardinha, e que possuem duas funções principais:

a) Inibir a agregação plaquetária, evitando fenômenos trombogênicos.

b) Controlar os processos reumáticos, principalmente ligados aos processos inflamatórios.

As doses sugeridas, como tratamento antiinflamatório, variam de 3 a 6 gramas por dia, divididas em 3 doses.

Assim, resumimos os principais elementos que, dentro do conceito de medicina ortomolecular, participam do controle dos processos reumáticos.

Evidentemente que não são uma panacéia, porém seu uso racional e lógico permitirá um controle melhor dos processos inflamatórios e degenerativos dos tecidos articulares.

O grande benefício do uso da terapia antioxidante não reside simplesmente na melhora clínica do paciente, mas na possibilidade de manter este paciente em tratamento por longos períodos de tempo, isento de efeitos colaterais.

OSTEOPOROSE

A importância da osteoporose reside no fato de que a detecção de sua incidência tem aumentado, pelas facilidades de diagnóstico, além de ser um fator muito importante no desencadeamento de fraturas apatológicas.

Define-se a osteoporose como um processo de rarefação óssea, que determina a presença de um osso mais frágil, por perda dos depósitos de cálcio. Porém parece existir uma série de fatores correlacionados ao processo da osteoporose, entre os quais podemos citar:

1) Mulheres na menopausa (a incidência da osteoporose é maior nas mulheres que nos homens, numa relação de 3:1).

Este fato está relacionado à perda dos níveis hormonais nas mulheres durante o processo do climatério, quando, via de regra, é recomendado o uso, de forma profilática, de hormônios nesta época da menopausa, principalmente no caso daquelas pacientes consideradas de alto risco osteoporótico. Este risco não é medido necessariamente se a paciente tem ou não sintomas da menopausa (calores no rosto, suor, formigamento nos dedos, palpitações no peito etc.), mas pela associação de drogas que possam provocar osteoporose, assim como de fatores de risco associados.

2) Repouso prolongado, como em convalescência de cirurgia, em fraturas ou doenças graves que exijam este tipo de repouso prolongado, que vão propiciar alterações no intercâmbio do cálcio ósseo.

3) Pacientes em diálise renal.
4) Pacientes utilizando drogas como a cortisona, que produzem alterações no metabolismo do cálcio e determinam diferentes graus de osteoporose, dependendo do tipo, dose e freqüência das aplicações de cortisona.
5) Pacientes com potencial risco de osteoporose, que tenham uma dieta muito rica em proteínas, que aumentam a descarga de cálcio no interior dos ossos.

Aparentemente, não é só o metabolismo do cálcio que se encontra alterado, já que, se assim fosse, só a administração de cálcio resolveria o problema, o que não acontece na prática.

Alguns autores justificam o desenvolvimento da osteoporose nos pacientes com déficit de calmudolina, que seria uma proteína encarregada de realizar o intercâmbio ósseo ao nível dos próprios ossos. O fato é que esta proteína ainda não foi sintetizada, o que causa limitações no sucesso terapêutico da osteoporose.

O diagnóstico da osteoporose, até poucos anos atrás, só era feito quando o processo estava definitivamente estabelecido, o que trazia dificuldades para inibir seu processo evolutivo.

O primeiro método de diagnóstico utilizado foram os estudos radiológicos, os quais só eram positivos quando a perda do material ósseo chegava a 1/3, o que evidentemente inibia qualquer tratamento e seus efeitos positivos a longo prazo.

Atualmente, com a introdução da densitometria óssea podemos diagnosticar o processo osteoporótico nos primórdios da sua evolução. Para não se usar indiscriminadamente este tipo de método de diagnóstico, sugere-se que os pacientes devem submeter-se a estudos de densitometria, além de que devem ser acompanhados a longo prazo, caso o primeiro teste for positivo, nos seguintes casos:

1) Pacientes de sexo feminino com menopausa precoce, ou com suspeita de ser um potencial candidato a um processo osteoporótico.
2) Pacientes fazendo uso a longo prazo de cortisona.
3) Pacientes com repouso prolongado.
4) Pacientes de sexo masculino com níveis baixos de testosterona, seja fisiológico ou secundário ao processo patológico.
5) Pacientes em diálise renal de longa data.
6) Pacientes com fraturas patológicas de causa desconhecida.

Uma vez estabelecido o diagnóstico e a severidade do processo osteoporótico, deveremos estabelecer um tratamento, que em alguma medida consiga deter o progresso da doença.

As medidas que têm sido melhor sucedidas em pacientes com osteoporose são as seguintes:

1) *Atividades físicas:*

É um dos principais aspectos e um dos mais fáceis, sendo importante a perseverança do paciente às indicações prescritas.

Uma grande parcela de estudos parece demonstrar que o exercício, por si mesmo, não é suficiente para reverter o processo de osteoporose, porém ele é importante na preservação da estrutura existente. Entretanto, associado com outras medidas terapêuticas poderá, segundo outros estudos, determinar uma reversão parcial do processo degenerativo.

O aspecto mais importante da atividade física é que deve ser definida considerando-se a idade e o sexo do paciente, assim como suas eventuais limitações. O intuito deve ser o de que as atividades físicas prescritas sejam estritamente as necessárias possíveis de serem feitas por parte do paciente.

De forma geral, consideramos que a melhor atividade física, independente de fatores de risco, consiste em caminhar a ritmo constante, de 4 a 5 vezes por semana, em forma crescente seja em tempo ou em distância, baseado no fenômeno de que "órgão que não se usa, atrofia".

2) *Hormonoterapia:*

Sem dúvida é o elemento que, definitivamente, consegue deter a progressão da osteoporose, devendo ser utilizado com freqüência principalmente nas mulheres em menopausa precoce, seja fisiológica ou secundária ao processo cirúrgico, e em pacientes menopáusicas com potencial risco osteoporótico.

A hormonoterapia consiste em combinar os estrógenos junto com a progesterona, para inibir efeitos secundários. Esta combinação é muito importante em pacientes que entraram na menopausa, porém que permanecem com seu útero. Entretanto, os estrógenos podem ser eliminados nas mulheres que foram operadas, com eliminação do útero.

É importante que os pacientes tratados com hormonoterapia permaneçam com esse tratamento por longos períodos para manter os efeitos terapêuticos, os quais podem desaparecer quando a medicação é subitamente suspensa. Daí existirem muitos pacientes utilizando-se da hormonoterapia por muitos anos, estando aquém de ter osteoporose e suas conseqüências.

Os pacientes que fizerem uso da hormonoterapia devem ser acompanhados com freqüência, especialmente no acompanhamento ginecológico, semestral, com o intuito de ver os benefícios da terapêutica instaurada, assim como controlar os eventuais efeitos colaterais, que possam se apresentar durante o processo.

As estatísticas têm mostrado que mulheres que se utilizam da hormonoterapia têm uma incidência extraordinariamente menor de osteoporose, e a diferença é muito maior se compararmos o número de fraturas patológicas nos grupos de pacientes estudados.

3) *Cálcio:*

Como foi identificado anteriormente, o cálcio é um fator importante na preservação do tecido ósseo, porém a sua reposição, sem o uso de hormonoterapia, não é tão eficiente quando administrado simultaneamente.

Existem várias formas de cálcio que podem ser utilizadas, como:

a) Pantotenato.

b) Carbonato.

c) Lactato.

d) Gluconato.

e) Citrato.

As diferenças básicas residem na sua capacidade de absorção, sendo melhor ou maior em algumas formas em relação a outras. O ideal é se fazer uma combinação simultânea das várias formas, até atingir as doses ideais de cálcio, nas pacientes com potencial osteoporótico, que variam de 1000-1500 miligramas.

Um fato importante a se considerar é que o cálcio, para ter um efeito maior, não só deve ser administrado junto com a hormonoterapia, mas também junto com a vitamina D, em doses que variam de 200 a 400 unidades e podendo ser utilizado também junto com fluoreto de sódio, em doses que variam de 30-100 miligramas. Normalmente esta combinação de fórmulas deverá ser utilizada através de farmácias de manipulação, onde os hormônios podem ser associados simultaneamente.

As doses de cálcio ou as associações podem ser prescritas de preferência em dose única, para facilitar os horários e o número de aplicações nos pacientes.

Quando associadas a hormonoterapia são normalmente recomendadas doses de estrogênio conjugadas, que variam de 0,400-1,250 miligramas/ dia, durante 20 dias e descansando os outros 10 dias do mês, e associadas aos progestágenos em doses de 10 miligramas, os últimos 5 dias da tomada dos estrogênios.

Em pacientes onde o uso de hormonoterapia esteja contra-indicado, existe a possibilidade de utilizar doses menores de hormônio, ou substituir por hormônio em emplastro local, cujos efeitos colaterais sistêmicos são consideravelmente menores. Resta ainda a possibilidade de substituição por drogas que produzam a estimulação endógena de hormônios orgânicos.

Outras Drogas que Podem Ser Utilizadas No Tratamento de Osteoporose

Entre elas, podemos citar:

1) **Calcitonina:**

É um hormônio produzido pelas paratiróides, que se encontram localizadas no pescoço, acima da glândula tiróide, e que tem como objetivo aumentar o depósito de cálcio plasmático no interior dos ossos. Este fato acontece por um mecanismo de retroalimentação negativa, pelo qual os níveis de cálcio plasmático inibem o hormônio, e estimulam a calcitonina a reintroduzir o cálcio nos ossos.

Tem um moderado efeito analgésico sobre as dores dos pacientes osteoporóticos, existindo dúvidas se realmente consegue deter o processo ou reverter a osteoporose nos pacientes com longos tratamentos.

Existem diferentes tipos de calcitonina:

a) calcitonina de porco (*staporos*).

b) calcitonina de salmão (*miacalcic, calcynar*).

c) calcitonina humana.

As diferenças de efetividade são relativas, porém de preço, são extraordinárias. A prescrição vai depender do médico.

A calcitonina existente no mercado pode ser administrada por via intramuscular e por *spray*.

Segundo a literatura e vários trabalhos, seu efeito se manifesta com o uso prolongado, em períodos superiores a seis meses, seguindo diferentes esquemas protocolados.

2) Etiodronato:

É uma nova molécula que ainda não existe comercialmente no País, e os estudos realizados, principalmente nos Estados Unidos, falam favoravelmente desta droga, aplicada nos pacientes com osteoporose. Porém, como nos falta experiência com esta droga, em nosso meio, achamos ainda prematuro dar uma posição definida.

Conclusões.

Até aqui, determinamos os seguintes fatos:

1) Por um lado, definimos que classicamente, a medicina oferece, para os pacientes reumáticos, uma série de produtos farmacológicos que visam controlar a dor do paciente, porém favorecem a progressão silenciosa da doença, lembrando sempre que a dor é uma advertência sobre algum acontecimento anômalo que ocorre nos tecidos, e quando abolimos esta advertência, silenciando-a, favorecemos um avanço progressivo e insuspeitado da doença de base.

2) Ainda assim, utilizamos drogas que vão reduzir a resposta imunológica do organismo perante a doença, com o intuito de inibir a resposta autoimune, desencadeada por algumas doenças inflamatórias do grupo reumático. Assim podemos determinar outras alterações conseqüentes às irregularidades hematológicas secundárias ao uso deste tipo de medicação.

3) Neste mesmo âmbito, forneceremos a exata noção e amplitude dos efeitos colaterais das drogas usadas na medicina clássica, que em algumas circunstâncias obriga a deixar imediatamente seu uso; em outras, as complicações desencadeadas pelo seu uso a longo prazo determinam si-

tuações muitas vezes piores que a própria doença de base.

Apesar da evolução farmacológica obtida nos últimos tempos, não foi possível delimitar a cronicidade e limitações impostas pelas doenças reumáticas, sejam inflamatórias ou degenerativas, o que contribui, dessa maneira, para criar um horizonte de dúvidas quanto à eficácia da medicina, proposta neste tipo de paciente.

4) Por outro lado, resumimos e explicamos as possibilidades que são oferecidas através do conceito da medicina ortomolecular, com o intuito de controlar os processos reumáticos, analisando como é possível dar um jeito na dor, assim como contribuir para o controle a longo prazo do processo evolutivo, degenerativo ou inflamatório da doença reumática, permitindo ao paciente manter uma qualidade de vida, por tempo prolongado.

Praticamente a medicina ortomolecular oferece uma luz no fim do túnel para a maioria das doenças reumáticas, sendo que seus resultados podem variar, segundo a patologia que predomine na situação do paciente.

5) Os efeitos colaterais da terapia ortomolecular são mínimos, ou inexistentes, favorecendo sua indicação em grande escala, em especial pela sua grande tolerabilidade.

Evidentemente que a terapia ortomolecular não é o processo definitivo para as doenças reumáticas, porém, sem dúvida, é uma das principais soluções que podem ser sugeridas aos pacientes portadores de patologias inflamatórias ou degenerativas, que comprometem o sistema ósteo-músculo-articular.

Quando afirmamos que o reumatismo tem solução, estamos fazendo referência às múltiplas possibilidades que a terapia ortomolecular oferece aos pacientes portadores de doenças reumáticas, tanto quanto ao controle da dor como ao processo evolutivo da doença de base.

Esta experiência com a terapia ortomolecular remonta a 1986, quando aprendemos a utilizar o DMSO por via endovenosa, e observamos que isto poderia vir a beneficiar os pacientes que estavam fazendo uso de mucopolissacarídeos, associado a enzimopressão.

Em 1989, após acomodar a técnica às possibilidades nacionais, introduzimos a colchicina por via endovenosa, que tem sido excelentemente tolerada, e uma grande solução para os pacientes portadores de hérnia de disco, como alternativa para o procedimento cirúrgico.

No mesmo ano, através da Rheumatoid Disease Foundation, incluímos no nosso arsenal terapêutico o tratamento de proloterapia, como opção para os pacientes com alterações na estabilidade articular. E um dos procedimentos mais doloridos, mas muito bem-sucedido e tolerado pelos pacientes.

Provavelmente, muitos outros conceitos virão acrescentar-se aos que temos conseguido até o presente, sempre com o intuito de beneficiar os pacientes com processos reumatológicos.

O mais interessante da terapia ortomolecular, como todo tratamento novo ou desconhecido pela tradição médica, são seus resultados quando utilizada pelos pacientes em piores condições, aqueles que estão severamente limitados pela doença de base, ou por aqueles que já gastaram todo o arsenal terapêutico que a medicina clássica tem a oferecer-lhes.

Nestes casos em particular, com todos os problemas associados que estes pacientes apresentam, em especial a depressão e o desapontamento pelo contínuo fracasso nas terapias convencionais, a margem de sucesso com a terapia ortomolecular é alta, com uma reintrodução social na maior parte dos pacientes.

Evidentemente que os pacientes portadores de doença reumática, que são restabelecidos pela terapia ortomolecular, devem continuar – por vezes de forma ininterrupta –, o tratamento na sua forma de manutenção (com aplicações, na pior das hipóteses, a cada 15 dias), para conservação dos efeitos terapêuticos alcançados com a terapia ortomolecular.

Uma das observações mais importantes a se destacar da terapia ortomolecular reside no fato de que os pacientes que respondem adequadamente ao tratamento, principalmente aqueles portadores da modalidade inflamatória da doença reumática, numa segunda fase apresentam mialgias acentuadas, conseqüentes às atitudes antálgicas que apresentam. Todavia com o retorno da movimentação articular os músculos também devem retornar a seu funcionamento, determinando alterações bioquímicas num processo lento de algumas semanas ou meses.

O trabalho conjunto, com exercícios ativos e passivos nos pacientes com doenças reumáticas, em muitos casos se faz necessário na obtenção de melhores efeitos terapêuticos.

É necessário associar, de forma produtiva, os componentes inerentes ao sucesso terapêutico da medicina ortomolecular, instaurados no tratamento de um paciente reumático. Em outras palavras, o tratamento básico consiste na utilização da enzimopressão, associada com DMSO, devendo associar-se aos outros procedimentos, quando considerados os fatores patológicos que delimitam ou favorecem progresso da doença.

O uso indiscriminado de todos os componentes da terapia ortomolecular não necessariamente vem associado com um sucesso terapêutico, pois temos que aprender que não é usando mais que teremos uma melhor resposta, o importante é saber combinar os elementos que, somados, possam beneficiar o processo evolutivo da patologia do paciente.

Nos últimos tempos a própria Arthritis Foundation, que representa a Sociedade Americana de Reumatismo, tem proclamado que é necessário continuar pesquisando drogas mais poderosas para se obter um certo benefício nos pacientes portadores de artrite reumatóide.

Evidentemente esta afirmação nos mostra duas conclusões:

1) A Arthritis Foundation reconhece definitivamente as limitações da medicina clássica, no controle dos sintomas da artrite reumatóide, e define que os tratamentos, hoje instaurados, não conseguem modificar o curso evolutivo da doença de base.

2) O fato de sugerir o uso de diferentes tipos de drogas, inclusive mais poderosas e letais que as atuais, permite concluir o grau de impotência entre os reumatologistas, vendo seus pacientes serem consumidos entre a doença e os remédios. O conselho apresentado pela Foundation exige o estudo de drogas mais poderosas, sem avaliar os riscos correlatos ao uso indiscriminado das drogas sugeridas. Porém, o desespero é tão grande que se torna necessário desenvolver algo que possa superar o atraso, mas tem que ser algo desenvolvido pela poderosa indústria farmacêutica, que além de ser supostamente lesiva, deve ser lucrativa. Isto para justificar o fato de um laboratório despender milhões de dólares em estudos, fato que definitivamente se encaixa no absurdo, porque as drogas atualmente em voga, tiveram de passar por todas as exigências e o tempo se encarregou de demonstrar que a única coisa obtida, são drogas cheias de efeitos colaterais e que só controlam a dor sem inibir o processo evolutivo e destrutivo da doença.

Até aqui estamos em uma encruzilhada, onde o que é definitivamente aceito não é definitivamente bom e aquilo que é considerado como uma possibilidade alternativa não tem o apoio de um forte laboratório de produtos farmacêuticos, para massificar seu uso, em benefício dos pacientes.

Perguntamos: qual é a solução?

A resposta não é simples, vai depender do critério dos profissionais da área de saúde que com sua inteligência possam definir os mecanismos mais adequados para controlar a evolução das doenças inflamatórias e degenerativas do grupo reumático, tendo sempre como intuito controlar a doença e não simplesmente controlar a dor.

O que ocorre é que classicamente não se possui uma terapia que possa resolver os problemas reumáticos, mas ao mesmo tempo se criticam as eventuais soluções que se apresentam porque elas, segundo seus críticos, não possuem o suficiente aval científico para serem utilizadas "in extenso", porém, tais críticas se esquecem que os mecanismos hoje tradicionalmente aceitos só têm suficiente crédito para controlar a dor, ajudando de forma indireta a evolução da doença.

Se nosso intuito é ajudar o paciente portador de doença reumática para que possa ter uma vida normal, através do uso de drogas, pelo menos que estas sejam o mínimo possível tóxicas, e o máximo possível isentas de efeitos colaterais.

O tempo tem demonstrado que a terapia ortomolecular é uma interessante e definitiva opção para os pacientes com problemas reumáticos, e quando bem utilizada pode gerar não só uma melhora clínica do paciente, mas também a inibição da evolução destrutiva da doença.

O reumatismo tem solução!

Esta solução provavelmente poderá ser melhorada progressivamente, na medida em que possamos conhecer melhor os diferentes fatores associados aos radicais livres, e sua importância como causa ou efeito das doenças degenerativas crônicas.

Evidentemente que a terapia ortomolecular é o início de um processo que deverá progredir e expandir-se, na medida em que o egocentrismo médico não interrompa seu ciclo crescente, com ironias ou descrédito baseado na ignorância e não nos fatos da ciência, demonstrados nas respostas obtidas por parte dos pacientes.

Apresentamos uma pequena luz no fim do túnel, que certamente, com o tempo, iluminará os diferentes ângulos de apresentação da doença reumática, beneficiando os pacientes tanto no controle dos sintomas como na inibição do processo destrutivo secundário à doença de base.

Estamos confiantes que esta luz possa permitir um crescimento importante nos conceitos da medicina ortomolecular e seu relacionamento com os radicais livres, para poder melhor interpretar os resultados obtidos, assim como aprimorar os produtos farmacológicos utilizados.

Os conceitos baseados na nossa experiência refletem o resultado de experiências anteriores, realizadas em opções terapêuticas separadas (DMSO, mucopolissacarídeos, enzimopressão, proloterapia, procaínoterapia, contra-sensibilização, colchicina), que por nosso intuito terminaram associadas dentro do conceito de terapia ortomolecular, com resultados surpreendentes, considerando que o tipo de paciente tratado é considerado como sem solução, pelo termo clássico da medicina.

Achar que a solução total está no conceito de terapia ortomolecular é também um erro, pois, em nossa opinião, podemos ainda aprimorar os elementos que usamos no tratamento ortomolecular, visando melhorar os resultados obtidos.

Sem dúvida, a melhora obtida nos pacientes com doenças reumáticas, através do tratamento ortomolecular, é um motivo de grande satisfação, porém não encerra a nossa curiosidade em determinar outros fatores associados, assim como outros procedimentos a serem incluídos e que possam melhorar o prognóstico dos pacientes acometidos por doenças reumáticas.

Dentro de alguns anos vamos entrar no século XXI, e a maioria das doenças degenerativas não tem sido suficientemente combatida. Temos sido derrotados em muitas oportunidades, e apesar do controle mais efetivo sobre as doenças degenerativas, ainda não temos uma solução definitiva para elas, só soluções paliativas. Isto nos obriga a tomar as decisões com maior presteza, a fim de obter, a curto prazo, soluções mais sérias e adequadas, principalmente para combater as limitações conseqüentes às doenças degenerativas crônicas.

O século XXI provavelmente será a consolidação definitiva da medicina ortomolecular, que a cada dia ganha adeptos, entre médicos e pacientes, através de terapias seguras, de fácil utilização e altamente efetivas no controle de doenças degenerativas crônicas. Como conseqüência deste grau de aceitação, há o incômodo para os grandes lucros dos grupos que dominam o mercado de saúde no mundo. No entanto, terão de abaixar a cabeça ante os fatos e as próprias exigências dos pacientes, que são o fator primordial para existência do conceito de saúde, assim como a razão para existir uma extensa gama de produtos farmacológicos a serem consumidos.

A crítica é saudável e democrática quando tem o intuito de colaborar na melhora dos conceitos, porém quando o ódio está acima da razão, termina colocando um grande obstáculo na evolução da ciência, infelizmente por motivos escusos e não científicos.

É hora de juntar esforços para beneficiar os pacientes, usando os procedimentos mais benéficos, independente de fatores ou favores econômicos, definindo caminhos mais simples para a eficácia de um tratamento, já que o tempo tem demonstrado que as dificuldades impostas para o acatamento de um tratamento tornam-no deveras caro e espinhoso e não necessariamente benéfico para o paciente.

O homem é um animal racional que nada inventa, tudo transforma, e como acreditamos nele, deduzimos que o século XXI será o período da grande transformação, onde os benefícios serão divididos entre todos, e não somente os prejuízos, como se faz nestes nossos dias.

A terapia ortomolecular está ocupando uma posição de importância na evolução da ciência, principalmente no campo da medicina, e cada vez mais se tem conseguido aumentar suas fronteiras, beneficiando os pacientes, que tinham como única opção um pacote com altos efeitos colaterais.

O lugar hoje ocupado pela terapia ortomolecular tende a crescer de forma constante, junto com o avanço da ciência, impedindo que as críticas maldosas consigam atingi-la.

O tempo nos deu razão, mas nos falta o reconhecimento da ciência de quem tem olhos, mas não quer ver os resultados, de quem tem ouvido, mas não escuta o que é ciência, de quem tem olfato, mas não cheira que os tempos estão mudando para melhor, de quem tem tato, mas não percebe que chegou a hora de mudar, de quem tem paladar, mas não sabe saborear o caminho das mudanças.

É a hora da verdade, a verdade que está na medicina ortomolecular como fato e como conseqüência.

FISIOTERAPIA E REABILITAÇÃO FÍSICA NO DOENTE REUMÁTICO

Dr. José R. Oliveira
Fisioterapeuta

A reabilitação, em particular, é o conjunto de medidas físicas destinadas à recuperação e reintegração social do doente reumático, e tais medidas não se constituem em aquisições recentes. Suas origens remotam presumivelmente à origem do homem, que já procurava o sol, primeira fonte natural de calor, e seus efeitos revitalizantes (helioterapia), banhava suas contusões ou entorses em infusões de certas ervas (hidroterapia) e mobilizava persistentemente articulações rígidas (cinesioterapia). O homem, dessa forma, teria iniciado o que hoje chamamos de fisioterapia.

Hoje não podemos questionar o relevante papel dos princípios de recuperação de indivíduos invalidados pela dor e outros sintomas que afetam o paciente reumático.

Na introdução de medidas fisioterápicas há que se reconhecer no seguimento clínico do paciente três fases distintas: aguda, subaguda e crônica. A primeira, aguda, é de competência quase exclusiva do médico, pois quando dor e sinais inflamatórios se apresentam de maneira muito intensa, faz-se necessário a utilização de medicamentos e cabe ao médico a escolha de qual e como administrá-lo. Neste período as medidas fisioterápicas são contra-indicadas, salvo a exceção de alguns métodos mais modernos, que não mobilizam as estruturas afetadas, mantendo-as estritamente em repouso absoluto.

Quando o paciente já se encontra na fase subaguda, a participação do fisioterapeuta no seu programa de tratamento, em conjunto com o médico, já se faz necessária. Pois nessa fase o repouso, agora relativo, deve ser mantido e deve-se iniciar a realização de movimentos passivos (movimentos realizados pelo fisioterapeuta no membro afetado) de maneira lenta e gradual, mais as medidas físicas de eliminação da dor. Estes são os primeiros passos para a recuperação do paciente.

A partir da fase crônica o paciente relaciona-se intensamente com o fisioterapeuta para a recuperação de suas condições físicas anteriores às crises agudas de dor.

Concluímos dessa forma que o trabalho conjunto entre médico e fisioterapeuta para o tratamento do paciente reumático é a melhor forma de reintegrá-lo à sua vida social mais rapidamente.

A seguir revisaremos os conceitos do tratamento fisioterápico das doenças reumáticas, que se apresentam com maior incidência na prática diária.

Fisioterapia em artrite reumatóide

O tratamento numa condição aguda de artrite reumatóide é dirigido à inflamação articular (ao edema e à dor). O repouso do paciente é obrigatório, pois qualquer movimento durante a fase aguda é prejudicial às estruturas. Nesta fase pode-se recomendar o uso de talas, para se evitar deformações, por certos períodos do dia, mas as forças que provocam estas deformações articulares continuarão a agir nos períodos em que o paciente não estiver utilizando a tala (fig. 1).

Na fase subaguda pode-se iniciar o uso do calor, que nestas condições é calmante e permite ao paciente realizar exercícios de modo relativamente indolor. Dessa forma se mantém a extensão total do movimento e retarda-se a instalação de atrofias.

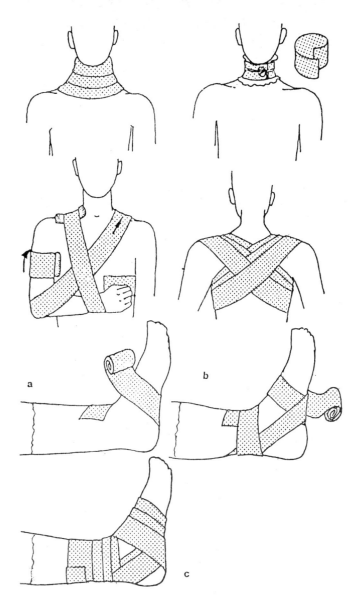

Fig. 1 – Imobilizações para remover o repouso articular, em articulações comprometidas pelas doenças reumáticas.

O gelo também pode ser usado nesta fase, pois apesar de suas propriedades físicas serem diferentes do calor, sua aplicação levará a um alívio da dor, permitindo assim a realização de movimentos com a articulação afetada, pelo efeito vasoconstritor, reduzindo a chegada dos fatores inflamatórios na articulação comprometida.

Nesta fase a realização de exercícios isométricos (exercícios em que há contração muscular, mas não há movimento articular), são bem vistos para a manutenção da tonicidade e do volume do músculo.

Na fase crônica da doença, serão iniciados os exercícios ativos com contra-resistência e movimentação voluntária das articulações, visando dessa forma manutenção e ganho de força e amplitude de movimento (fig. 2).

Fisioterapia em espondilite anquilosante

A importância da fisioterapia na melhora clínica e na profilaxia da incapacidade física deve-se aos benefícios dos exercícios e à demonstração dos malefícios da vida sedentária e do repouso contínuo. O fisioterapeuta deve auxiliar o paciente na escolha de uma atividade profissional e de lazer que o estimule a realizar movimentos articulares, desencorajando-o ao repouso, que agrava a rigidez articular facilitando a anquilose.

A fisioterapia nestes casos abrange desde a escolha de um colchão apropriado, orientação postural até as posições corretas para dormir.

Além das recomendações para as atividades diárias do paciente, o fisioterapeuta deve iniciar um programa de exercícios para o ganho e manutenção de movimentos da articulação afetada.

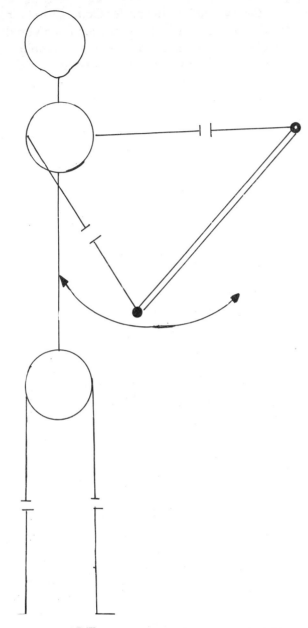

Fig. 2 – Exercício de ombro com bastão para ganho de amplitude de movimento.

Os exercícios, de preferência, são sempre precedidos de aplicação de calor sobre a coluna vertebral ou articulações periféricas, para que se obtenha uma maior amplitude com menos dor. No programa de tratamento do paciente com espondilite, devem estar incluídos exercícios respiratórios para melhorar a capacidade ventilatória pulmonar, que se encontra prejudicada pelo comprometimento da coluna. Importante lembrar que o trabalho deverá ser feito com o intuito de alongar e relaxar a musculatura paravertebral (fig. 3).

Fisioterapia em osteoartrose

Os procedimentos fisioterápicos são de extrema importância, sobretudo na prevenção de novas crises dolorosas e na preservação da anatomia e funcionamento articular.

A indicação de exercícios deve ser amplamente definida, principalmente quanto ao momento de sua introdução, para não traumatizar os tecidos moles, ampliando as áreas de inflamação, assim como as áreas de degeneração.

O uso de calor local em suas diferentes formas, principalmente a diatermia de ondas curtas, alivia temporariamente a dor e relaxa a musculatura, facilitando a realização de exercícios, recurso que se impõe na fase crônica da doença.

Além da utilização do calor para relaxamento e alívio da dor, pode-se ainda utilizar a eletroterapia e a laserterapia, que são medidas analgésicas e antiinflamatórias de grande valor na terapêutica dessa doença.

Fisioterapia em esclerose sistêmica (esclerodermia)

A fisioterapia impõe-se nesta enfermidade como recurso extremamente útil na resolução ou atenuação da incapacidade, notabilizando-se principalmente entre as práticas fisioterápicas a realização de exercícios.

A aplicação de calor, apesar da rigidez, deve ser evitada, pois esses pacientes apresentam complicações cutâneas, características da doença.

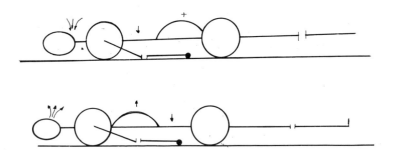

Fig. 3 – exercício respiratório de inspiração e expiração forçada (a. inspiração e b. expiração).

Vários recursos fisioterápicos serão utilizados nesse tipo de paciente, incluindo-se os exercícios respiratórios, pois o comprometimento das vias respiratórias nesses pacientes pode ser significativo, e a prevenção e atenuação das incapacidades são de extrema importância para o prognóstico de sobrevida desses pacientes.

Além dos recursos fisioterápicos citados acima para o tratamento das doenças reumáticas, a área de fisioterapia e reabilitação apresenta também outros recursos de importante valor no tratamento reumatológico.

Esses recursos fisioterápicos serão discutidos abaixo juntamente com os recursos já citados. Eles serão divididos em 4 grupos:

1. Calóricos:
    – ultra-som contínuo
    – infravermelho (I.V.)
    – ondas curtas (O.C.)
    – banhos de imersão
    – compressas quentes.

2. Acalóricos:
    – eletroestimulação
    – laser.

3. Resfriamento:
    – compressas frias
    – banhos de imersão
    – bolsa de gelo
    – criocinética.

4. Exercícios:
    – isométricos
    – isotônicos
    – alongamentos
    (fig. 4).

Fig. 4 – Exercícios para fortalecimento e relaxamento da musculatura do tronco.

1. Calóricos:

1.1. Ultra-som contínuo:

O tratamento através do ultra-som refere-se a ondas ou vibrações sonoras que possuem uma freqüência além da capacidade auditiva do ouvido humano, que dessa forma produzem calor terapêutico.

À medida que as ondas sonoras se propagam pelo tecido, parte da energia é transformada em calor e este calor pode atingir uma profundidade de 5 cm ou mais.

Devido às características do ultra-som, ele é indicado quando queremos tratar uma área de maneira mais direta e precisa.

O ultra-som é contra-indicado para pacientes portadores de pinos ou placas metálicas, portadores de tumores malignos e certas regiões tais como: cérebro, medula espinhal, olhos, órgãos genitais e plexos viscerais.

1.2. Infravermelho:

O tratamento com infravermelho serve para acalmar as dores articulares provocadas pela doença reumática.

Durante uma sessão de infravermelho, não ocorre o contato entre a fonte de calor e a pele. Os raios infravermelhos passam pelo ar sem aquecê-lo e, ao entrarem em contato com a pele e serem absorvidos por ela, tornam-se quentes.

A penetração do infravermelho é superficial; sendo assim, sua maior indicação é para os casos em que as mãos e os dedos do pé se encontram comprometidos.

Para a maior eficácia do tratamento, é aconselhado que se faça compressas mornas junto com a aplicação do infravermelho.

O infravermelho é contra-indicado quando o paciente apresenta uma diminuição da sensibilidade da pele e tumores malignos de pele em estágios terminais.

1.3. Ondas curtas:

O tratamento através das ondas curtas é um método que consiste em elevar a temperatura dos tecidos pela passagem de uma corrente de alta freqüência através de uma região do corpo. O calor é provocado pela resistência dos tecidos à passagem da corrente elétrica.

Dessa forma o calor produzido pelas ondas curtas é mais profundo do que o calor produzido pelo infravermelho, mas seus efeitos terapêuticos são semelhantes e substancialmente melhores.

As ondas curtas são contra-indicadas em: pacientes com processos inflamatórios agudos, artrite infecciosa, doenças hemorrágicas, lesões em nervos periféricos com comprometimento da sensibilidade ao calor, tumores malignos e pacientes portadores de pinos ou placas metálicas.

1.4. Banhos de imersão e compressas quentes:

São os métodos terapêuticos mais comumente usados. As técnicas de aplicação variam de fisioterapeuta para fisioterapeuta, porém a temperatura da água não deve exceder a 35 graus centígrados e o tempo de aplicação deve ser de no máximo 30 minutos.

Esse tipo de terapia apresenta uma certa segurança para o paciente, pois as chances de ele vir a se queimar são mínimas e ela pode ser repetida mais de uma vez por dia.

Seus efeitos terapêuticos são semelhantes aos das outras modalidades terapêuticas que têm como base o calor, e suas contra-indicações também.

2. Acalóricos:

2.1. Eletroestimulação:

A eletroestimulação é uma terapia feita através das correntes elétricas que, além de nos proporcionar uma boa analgesia (controle da dor) nos processos dolorosos, serve também para estimular as estruturas periarticulares, isto é, aquelas que estão em volta da articulação afetada (músculos, tendões e ligamentos), mesmo que essa se encontre denervada (sem estímulo da raiz nervosa).

Uma das principais modalidades de eletroestimulação é a T.E.N.S. (*transcutan eletrical nervous stimulation*), ou melhor, eletroestimulação nervosa transcutânea.

A T.E.N.S. proporciona uma analgesia quase que imediata após a sua aplicação, que apresenta uma duração tão boa quanto dos melhores analgésicos, mas com uma enorme vantagem: não apresenta efeitos colaterais.

O método de aplicação da eletroestimulação também varia de fisioterapeuta para fisioterapeuta e será utilizado na dependência da experiência do profissional.

As principais contra-indicações para a eletroestimulação são: para pacientes portadores de pinos ou placas metálicas, pacientes portadores de arritmias cardíacas e pacientes que utilizem marca-passos.

2.2. Laser:

O *laser* provoca reações bioquímicas, bioelétricas e bioenergéticas nas células, além de melhorar a qualidade celular, potencializando a ação de medicamentos utilizados para o tratamento das afecções reumáticas.

A principal reação bioquímica que ocorre na célula é o aumento da produção de ATP (energia) das mitocôndrias, "melhorando" assim a qualidade da célula perante uma resposta antiinflamatória e regenerativa. Dessa forma, o *laser* nos oferece os seguintes efeitos terapêuticos:

- analgesia
- antiinflamatório
- antiedematoso
- estimulação do trofismo celular.

O *laser* só é contra-indicado nos casos de tumores malignos.

O *laser* pode ser utilizado já na fase aguda do tratamento e se prolongar até a fase crônica.

──── 3. Resfriamento:

O resfriamento é feito com gelo ou através de materiais gelados. Esta modalidade terapêutica pode ser utilizada na fase aguda ou em períodos mais tardios do tratamento.

Como sabemos, os métodos de aplicação são bem variados e dependem da região e do estado em que esta se encontra.

A aplicação de gelo sobre uma articulação afetada na fase aguda da doença reumática serve para provocar analgesia local e diminuição do edema articular.

Já na fase de reabilitação o gelo é mais utilizado para a realização da criocinética.

O que é criocinética?

Criocinética consiste na associação de gelo local e mobilização da articulação afetada. Isto é possível, pois a analgesia que é produzida pelo gelo nos permite mover uma articulação que antes se tornara dolorosa ao realizar movimentos.

O resfriamento é contra-indicado quando o paciente apresenta sensibilidade ao frio e feridas abertas.

Durante a aplicação de gelo pode ocorrer que o paciente relate dor, e esta não deve ser ignorada, pois pode estar ocorrendo uma isquemia aguda local provocada por um espasmo vascular.

Para melhor elaborarmos um programa de tratamento para o paciente reumático necessitamos conhecê-lo por inteiro, sabermos de suas dificuldades e suas principais queixas de dor e disfunção músculo-esquelética.

Nova metodologia para avaliação fisioterápica

Através de um novo método de elaboração para a ficha da avaliação fisioterápica, obteremos resultados que confirmarão ou complementarão o diagnóstico médico, assim como as medidas fisioterapêuticas necessárias para se obter melhoras do paciente.

Com os dados colhidos na ficha de avaliação saberemos dizer em que estado se encontra o condicionamento físico e a estrutura músculo-esquelética do paciente.

Constarão desta ficha os seguintes dados sobre o paciente :

- idade
- peso
- altura
- perimetria
- testes de força muscular (TFM)
- testes de resistência muscular (TRM)
- freqüência cardíaca (FC)
- pressão arterial (PA)
- exame físico.

1. Avaliação perimétrica:

Perimetria é a medida do volume de uma extremidade ou do tronco.

Os dados são obtidos em centímetros e servem para futuras comparações. Os seguimentos a serem medidos são:

- pescoço
- tórax
- cintura
- quadril
- coxa
- perna
- braço
- antebraço.

A perimetria dos membros deve ser bilateral, para que sejam feitas comparações entre um e outro.

2. Avaliação dos testes de força muscular:

A graduação de força para os Testes de Força Muscular (TFM) será a mesma que é utilizada por Robert W. Lovett, M.D., isto é:

A. graduação 0 – Não esboça contração muscular.
B. graduação 1 – Apresenta contração muscular, mas não realiza movimento.
C. graduação 2 – Realiza movimento, mas sem ação da força da gravidade.
D. graduação 3 – Realiza movimento contra a gravidade.
E. graduação 4 – Realiza movimento de contra resistência.
F. graduação 5 – Realiza movimento contra resistência máxima.

É considerada resistência máxima a carga de 10% do peso corpóreo do paciente.

3. Avaliação goniométrica:

Tem como objetivo medir a amplitude de movimento.

Para a goniometria foram escolhidas articulações que, caso apresentem alguma limitação, levam o paciente a uma dependência para a realização de AVD (atividade de vida diária) normal.

Só serão medidos os movimentos de maiores amplitudes, como:

Goniometria do ombro: será avaliada somente a abdução (afastamento do braço lateralmente) e a flexão (afastamento do braço frontalmente), pois uma limitação na extensão ou na adução não impede que o paciente consiga se vestir sozinho.

As articulações a serem avaliadas são:

– ombro
– cotovelo
– punho

- quadril
- joelho
- tornozelo.

Para a avaliação goniométrica as articulações serão medidas bilateralmente. Os resultados serão comparados com dados já obtidos na literatura especializada.

Na análise de goniometria do tornozelo será considerada a soma da amplitude do movimento de flexão dorsal e do movimento de flexão plantar, pois durante a marcha esses movimentos são considerados em conjunto; portanto, a diminuição dessa soma é que deve ser considerada.

Dentro desse item será avaliada também a flexibilidade do tronco, e esta será medida em centímetros da seguinte forma:

O paciente ficará em pé sobre um degrau de aproximadamente dez centímetros, devendo a seguir flexionar o corpo para frente a fim de tocar a ponta dos pés. Caso ele consiga sua flexibilidade será considerada "BOA" e "NORMAL", se ultrapassar a ponta dos pés, será medida a distância ultrapassada para futuras comparações.

Quando o avaliador for escrever o resultado na ficha de avaliação, deverá colocar um sinal negativo (-) na frente da medida , quando o paciente não alcançar o objetivo, um sinal positivo (+), quando ultrapassar o objetivo e a letra "N", quando alcançar o objetivo.

4. Avaliação dos testes de resistência muscular (TRM):

Para a realização dos TRM são executados determinados exercícios, os quais devem ser repetidos o maior número de vezes no prazo de um minuto.

Os exercícios escolhidos para a realização dos TRM foram:

a) Flexão de braço: realizada com o apoio distal nos joelhos (fig. 5).
b) Abdominais: realizada com os joelhos flexionados e o corpo não deve ser elevado acima de 45 graus (fig. 6).
c) Bicicleta ergométrica: o paciente deverá pedalar no prazo de um minuto a maior distância possível com carga de 2% do seu peso corpóreo.

Para classificarmos se o paciente apresenta boa resistência muscular iremos transformar o número de repetições em porcentagem, e no caso da bicicleta iremos transformar a metragem em porcentagem através do seguinte cálculo:

60 mov. / min 100%

30 mov. / min x

$$\frac{30 \times 100}{60} =$$
$$x = 50\%$$

A razão para a constante 60 mov./min. ser igual a 100% se deve ao resultado de uma pesquisa (não publicada) de avaliações de atletas e pessoas de vida normal não sedentárias. Para o teste da bicicleta será considerado 100% o teste que atingir 600 m/min.

Os pacientes que atingirem índices maiores que 50% terão classificação de "bom" a "excelente", e os pacientes que atingirem índices menores que 50% terão classificação de "regular" a "péssimo".

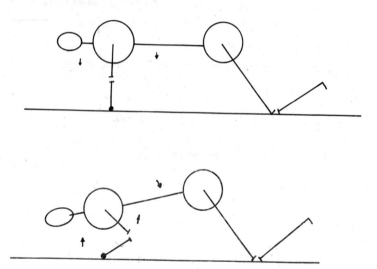

Fig. 5 – Exercício de flexão de braços com apoio dos joelhos para o TRM – flexionar somente os cotovelos.

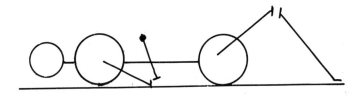
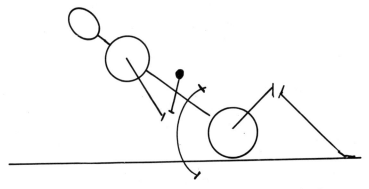

Fig. 6 – Exercício para a musculatura abdominal com elevação do tronco até 45 graus de inclinação.

5. Exame físico:

No exame físico deve-se observar:

a) Simetrias do corpo: diferenças entre um lado e outro do corpo, devendo-se considerar a linha alba (umbigo) do abdome como centro do corpo.
b) Alinhamento da coluna vertebral: observar se a coluna não apresenta desvios laterais e aumento ou diminuição das curvas fisiológicas da coluna.
c) Tônus muscular: observar se o volume de um determinado segmento é dado por uma musculatura tonificada ou por excesso de tecido adiposo.
d) Deformidades ósseas: observar se o paciente não apresenta deformidades tais como: tíbia vara, anquilose articular etc.
e) Temperatura e sensibilidade das extremidades: para sabermos se não há nenhum comprometimento no sistema circulatório ou no sistema nervoso periférico.

6. Conclusão:

Através dessa nova abordagem para uma avaliação física poderemos chegar a diagnósticos mais precisos sobre diversas afecções do aparelho músculo-esquelético, num trabalho conjunto entre médico e fisioterapeuta.

Avaliação física

Nome:_____data__/__/__
Sexo:_____ profissão:_____
Idade:_____ peso:_____altura_____
End.:_____ fone:_____
Data:__/__/__ _____data:__/__/__

Perimetria

Pescoço:_____ _____
Tórax:_____ _____

Cintura: _____ _____ _____
Quadril: _____ _____ _____
Coxa: _____ (d)_____ (e)_____ (d)_____ (e)_____
Perna: _____ (d)_____ (e)_____ (d)_____ (e)_____
Braço: _____ (d)_____ (e)_____ (d)_____ (e)_____
Antebraço: ___ (d)_____ (e)_____ (d)_____ (e)_____

Teste de Força Muscular

DORSAIS: _____

Tríceps: _____ (d)_____ (e)_____ (d)_____ (e)_____
Bíceps: _____ (d)_____ (e)_____ (d)_____ (e)_____
Peitorais: _____ (d)_____ (e)_____ (d)_____ (e)_____
Abdominais: _____
Glúteos: _____
Abd: _____ (d)_____ (e)_____ (d)_____ (e)_____
Ad: _____ (d)_____ (e)_____ (d)_____ (e)_____
Isquio: _____ (d)_____ (e)_____ (d)_____ (e)_____
Fl..pl.: _____ (d)_____ (e)_____ (d)_____ (e)_____
Fl..dl.: _____ (d)_____ (e)_____ (d)_____ (e)_____

Goniometria

Ombro: _____ (d)_____ (e)_____ (d)_____ (e)_____
Cotovelo: _____ (d)_____ (e)_____ (d)_____ (e)_____
Quadril: _____ (d)_____ (e)_____ (d)_____ (e)_____
Joelho _____ (d)_____ (e)_____ (d)_____ (e)_____
Tornoz.: _____ (d)_____ (e)_____ (d)_____ (e)_____
Flexibilidade: _ (d)_____ (e)_____ (d)_____ (e)_____

Resistência muscular

Mmss: _____
Abdominais: _____
Mmii: _____

Exame físico

Pescoço: _____
Ombros: _____
Tronco: _____
_____
_____
Pelve: _____

Pernas: _____
_____
Pés: _____

Conclusão

_____
_____
_____
_____

Impresso na
 **press grafic
editora e gráfica ltda.**
Rua Barra do Tibagi, 444 - Bom Retiro
Cep 01128 - Telefone: 221-8317

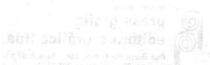